ARNO WILHELM

HACKFLEISCH UND ZWIEBEL SIND VON DER FORM ZUMEIST IGEL

*für meine Frau
und unsere Kinder*

1.Auflage

Titel: Tobias Prehn
Coverzeichnung: Karsten Lampe
Autorenfoto: Christian Kruppa

Bibliografische Information der Deutschen
Nationalbibliothek: Die Deutsche
Nationalbibliothek verzeichnet diese Publikation
in der Deutschen Nationalbibliografie; detaillierte
bibliografische Daten sind im Internet über
dnb.dnb.de abrufbar.

© 2021 Arno Wilhelm

ISBN: 9783753439211

Herstellung und Verlag:
BoD – Books on Demand, Norderstedt

Die mit * gekennzeichneten Gedichte entstanden als
Themengedichte für die Lesebühne Dichtungsring.

1.Kapitel

Alltagsquatsch

Hackfleisch und Zwiebel sind von der Form zumeist Igel

Eine Kühlschrank-Ballade

Hackfleisch mit Zwiebel,
Da war doch mal was
Mir ist als hätt' ich gar
relevantes verpasst

Irgendwas wollt ich kochen
Schon vor ein paar Wochen
Doch das vergaß ich
Und kochte und aß nich'

Hatt' das Fleisch schon erworben
Ganz und gar unverdorben
Es im Kühlschrank verstaut
Und nicht mehr geschaut

War nicht sehr penibel
Hackfleisch und Zwiebel
Wuchsen empor
Ich denke es fror

Und so zog es sich dann
Einen Pelzmantel an
Schön gepunktet weiß-blau
Ist es schon eine Schau

Ich nehm's mit der Zange
Statt dass ich's selber anlange
Der Geruch ganz schön übel
Aber ab in den Kübel?

Wär ja auch schade drum
Deshalb die Atmung auf stumm
Und die Nase verschließen
Ganz schnell panieren, in die Pfanne Öl gießen

Dann in feinstem Fette baden
Ach guck, da sind auch noch zwei Maden
Schön ausführlich wird's gebraten
Da sollt' man ruhig was länger warten

Jetzt auf den Teller ab damit
Das hält jeden Magen fit
Schön viel Ketchup muss noch sein
Und der Hunger treibt's dann rein.

Nahrungsmitteldichterei

Es war ein Montag, nicht mein Tag
Ein Tag wie ich ihn gar nicht mag
Viel zu tun und wenig Muße
Ich brach auf, wie stets zu Fuße

Gurkte einfach so herum
Fühlte mich unnütz und dumm
Alles Käse, mir doch Wurst
Ich spürte in mir einen Durst
Und eierte zum Edeka
Hunger war kein bisschen da
Wollt' keine Feinkost von der Küste
Keine fleischlichen Gelüste
Kein Interesse an Melonen
Nur etwas Orangenhaut
Hab ich ganz kurz angeschaut

Ich verließ den Supermarkt
Frag mich wer hier so blöd parkt
Hat wohl Tomaten auf den Augen
Fahrkünste die zum Laufen taugen
Von Feingefühl nicht mal ein Hauch
Was ist das denn für ein Lauch
Er hörte das, nannte mich Streber
Die beleidigte Wurst von der Leber
Was ich da sage sei nur Quark
Ich wünscht' ihm einen guten Tag

Weiter ging ich unbeschwert
Am Parkplatz äpfelte ein Pferd
Die Äpfel warm und heiß begehrt
Bei den lokalen Fetischisten
Die sich nicht nur vor Lachen bepissten

Abgelenkt fiel ich aufs Knie
Es zwiebelte so fies wie nie
Aus meinem Rucksack tropfte Sahne
Doch auch das war mir Banane.

Nackte Angst

Es war des Nachts im Park um zwei
Ich lief heimwegs am Strauch vorbei
Heraus sprang ohne jede List
Im Mantel ein Exhibitionist

Das er eben ein solcher war
Wurde mir nicht am Mantel klar
Sondern an der Öffnungsart
Der Mensch nackt, teigig, kaum behaart

Nackte Angst, blankes Entsetzen
Was nun? Polizeiruf? Messer wetzen?
Schreien? Kritik am Körperfett?
"Mehr Sport wär wohl für dich ganz nett"

Der Anblick eher widerlich
Ich hab kein Foto heut für dich
Und ebenfalls auch keine Rose
Was hieltest du von einer Hose?

War unsicher - was muss ich tun?
Ein Kompliment zu seinen Schuhen?
Ich tat's spontan, ganz ungelogen
Hab dann halt auch mit blank gezogen

Ein bisschen hab ich mich geniert
Er war sichtlich irritiert
Um nicht zu sagen fast entsetzt
Im Berufsethos verletzt

Hätt ein Gespräch gern angefangen
Doch er ist dann schlicht gegangen
Murmelnd, kaum noch Kraft zur Stützung
Er müsse jetzt zur Vorstandssitzung

Im Wellness-Hotel

Endlich Urlaub, endlich Zeit
Wir sind bereit für Zweisamkeit
Die Kinder bei den Großmamas
Zeit für Pärchen-Freizeit-Spaß

Auf ins Hotel - Stress bleibt zuhaus
Wellness pur in Saus und Braus
Doch leider teilt man sich den Platz
Mit manch einem verwöhnten Fratz
Diese sind zwar schon erwachsen
Doch zu verwöhnt und machen Faxen:

Im Außenpool schwimmt eine Frau
Der Körper dick, die Haare grau
Bei jedem den sie sehen kann
Bringt sie ihre Klage an

"Letztes Jahr war der Pool wärmer
Das sind niemals dreißig Grad
Achtundzwanzig sind das höchstens"
Es ist ihr zu kalt fürs Bad

Die Anlage ist wunderschön
Und sie meckert wie ne Ziege
Gibt ihren Ärger zu verstehen
Bis ich langsam die Krise kriege

Ich schwimme leise hin zu ihr
Still und freundlich, froh und munter
Nette Blicke tauschen wir
Ich hab die Hand und tauch sie unter

Aber man macht's nicht und ärgert sich dann
Denkt, sowas mach ich irgendwann
Bleibt wo man ist, ganz still und stumm
Und immer frag man sich: Warum?

Am Abend schick ins Restaurant
Da ruft ein Gast den Kellner ran
Was für ein schrecklicher Affront
Ob der dazu was sagen kann

Der Gast klagt über das Dessert
Das sei ja wirklich viel zu viel
Der meint das Ernst, erbost sich sehr
Meckert ohne Sinn und Stil

Vom Nachbartisch erheb ich mich
Den kleinen Löffel in der Hand
Der Gast ist gar nicht einsichtig
Meckert außer Rand und Band

Ich knie mich neben seinen Tisch
Klopf ihm beruhigend auf den Rücken
Fang mit dem Löffel eilig frisch
An, seinen Nachtisch zu verdrücken

Aber man macht's nicht und ärgert sich dann
Denkt, sowas mach ich irgendwann
Bleibt wo man ist, ganz still und stumm
Und immer frag man sich: Warum?

Irgendwann ist es soweit
Es fehlt nur die Gelegenheit
Dann gibt es Frustausgleich zuhauf
Ich freue mich schon jetzt darauf

Follower

Ich habe nur einen Follower
Das ist allerdings schon echt eine Menge
Zum Glück nur den einen, es gibt kein Gedränge

Dem gefällt alles was auch immer ich tu
Er folgt mir auf jedweden Schritt und auf Tritt
Wohin ich auch gehe, er kommt immer mit

Die Polizei will, dass er mir bald schon entfolgt
Ich spreche ihn an, ganz kurz bleibt er still
Dann fragt er ob ich Viagra ihm abkaufen will

Schnellspanner

Von jeher war der Eberhard
Einer der gern Frauen anstarrt
Ihre Köpfe, ihre Brüste
Weckten in ihm Lustgelüste
Dazu auch Beine, Bauch und Po
Ebenso

Doch steht ein Mann im Park und gafft
Kommt er allzu leicht in Haft
Für unsittliches Benehmen
Muss sich entschuldigen und schämen

Drum hat er sich angewöhnt
Wenn er seinem Hobby frönt
Mit dem Rad umherzufahren
Um sich vor Ärger zu bewahren

Bei Sonnenschein geht er auf Tour
Genießt ausführlich die Natur
Große Busen oder kleine
Dicke und auch dünne Beine
Oben ohne oder mit
Sein Blick der wandert Schritt für Schritt

Er fährt so viel und gerne rum
Und ist ein Scherzkeks auch, darum
Nennt er sich leise lüstern linsend
'Der Schnellspanner', klammheimlich grinsend

Doch wie das Schicksal manchmal spielt
Kam jemand, der gerne stiehlt
Eberhard ward nicht gewahr
Was seinem Rad abgängig war

Er sah, na klar, auf Frauenbeine
Und bemerkte nicht die Steine
Das Rad tat einen Satz, ein Schreck,
Und die Räder flogen weg

Weil Ironie doch manchmal glatt
Einen Sinn fürs Feine hat
Hatte der Dieb ganz unverhohlen
Die Schnellspanner vom Rad gestohlen

Eberhards Kopf landete weich
Für einen Moment dacht' er vielleicht
Lande ich auf Oberweite
Vielleicht sogar ganz große breite

Doch der Gedanke ging schnell baden
Worin er lag war ein Kuhfladen
Der Ekel, der wog allzu schwer
Ein neues Hobby musste her

Fitness-Trecker

Der Sepp war lange nur ein Bauer
Baute an wie ganz ein schlauer
Schlau verdient an Korn und Vieh
Fiese Machenschaften nie

Doch immer an der Armutsgrenze
Grenzwertig arm war er zur Gänze
Ganz gut lebt er nun dafür jetzt
Jetzt hat er etwas umgesetzt

Eine besondere Großstadtflucht
Flüchtig nicht sondern 'ne Wucht
Wuchtig sind im Körpermaß
Maßanzug, Designerglas

Die Gäste, die den Sepp jetzt buchen
Bücher gibt's hier nicht und Kuchen
Kein Küchenkram sous vide gegart
Garstig wird hier Fett gespart

Harte Betten, karges Essen
Essenszeiten nicht vergessen
Vergisst der Sepp niemals zu sagen
Sagt es auch zum Schutz vor Klagen

Denn seine Hauptsportattraktion
Attraktiv macht sie ja schon
Schont dabei doch nicht die Knochen
Knochenhart und das für Wochen

18

Er fährt aufs Feld mit seinem Trecker
Treckerfan, Bankier und Bäcker
Bäckchen sind bei allen heiß
Heiß ersehnt ist dieser Scheiß

An Seilen bindet er nun dann
Dankbar deren Hände an
Ansonsten gibt es nichts zu tun
Tunlichst nicht mehr auszuruhen

Denn fährt der Sepp das Ungetüm
Ungemein schnell, ungestüm
Ungewohnt rasant erreichen
Erfolgsmenschen mit ihren weichen

Körpern da die Leistungsgrenzen
Grenzwertig in ihren Tänzen
Tanz? Nein, rennen, sprinten, fliegen
Fliehkraft sucht sie zu verbiegen

Sie rennen hinter'm Trecker her
Herren, Anfangs ziemlich schwer
Schwitzen plötzlich ganze Seen
Sehen die Kilos flöten gehen

Wer zuerst fällt hat verloren
Verlangsamen ist was für Toren
Tortur, die tief im Stammhirm greift
Grässlich durch den Matsch geschleift

Der Sepp bremst erst wenn alle liegen
Lila sich vor Schmerzen biegen
Biegt er in die Scheune ein
Einzig um sie zu befreien

Am nächsten Tag rennt man noch härter
Hart die Angst als Leistungswärter
Leid und ungebremstes Streben
Um als Letzter aufzugeben

Sie zahlen für die Folter gut
Gut gemacht, denkt Sepp und ruht
Ruhig auf dem Gaspedal
Gastgeber sein ist ganz banal

Was gibt es schöneres auf der Welt
Weit größer noch als alles Geld
Geltung, Stärke, alle Pracht
Als einen Job der glücklich macht

Lebensmittelkastration

Mein Essen klagt ganz ungeniert
es fühle sich ganz frech kastriert
Es hat keine Nüsse mehr
Ich bin nun mal Allergiker

2.Kapitel

Kindergedichte

Kinderliederquälerei

Kinderlieder klingen wieder
Die von früher ich noch kenne
Das Kind hört sie in Dauerschleife
Statt dass ich die Flucht ergreife
Träum' ich, mein Trommelfell verbrenne

Doch anders als in Kindertagen
Kommt manch Gedanke, manche Fragen
Es dreht sich fix der Plattenteller
Ging manch ein Text nicht aktueller?

(1)
Weiß weiß weiß sind alle meine Kleider, weiß weiß
weiß ist alles was ich hab.
Darum lieb ich alles was so weiß ist, weil mein Schatz
ein Zahnarzt ist

(2)
Wer will fleißige Handwerker sehen?
Der muss zu uns Kindern gehen.
Klein und fein, Klein und fein.
Das iPhone wird bald fertig sein.

(3)
Im Märzen der Bauer die Rößlein einspannnt
Er setzt seine Felder und Wiesen in Brand
Die Versicherungssumme begeistert ihn sehr
Mit ehrlicher Arbeit läuft es nicht mehr

(4)

Hänsel und Gretel verliefen sich im Wald
Es war so finster und auch so bitter kalt
Gretel nahm ihr Smartphone – GPS hilft weit
Seitdem verlaufen die beiden sich zu keiner Tageszeit

(5)

Der Kuckuck und der Esel die hatten einen Streit, wer
wohl am besten sänge, wer wohl am besten sänge
Dann planten die beiden und waren wieder froh
Sie gingen gemeinsam in eine Castingshow

(6)

Kommt ein Vogel geflogen, setzt sich nieder auf mein
Fuß, hat weiße Kleckse hinterlassen,
von ihm selbst kam der Gruß

(7)

Ich geh mit meiner Laterne und meine Laterne mit mir
Da oben leuchten die Sterne, hier unten brennen wir
Das Licht tret aus, ich will nach Haus
Rabimmel, rabammel, rabumm
Die Feuerwehr kommt auch gleich her
Rabimmel, rabammel, rabumm

(8)

O Tannenbaum, O Tannenbaum
Wie grün sind deine Nadeln

(9)
Meine Oma fährt im Hühnerstall Motorrad, Motorrad
Die Hühner rennen um ihr Leben
Heut Abend wird's wohl Gulasch geben

(10)
Es klappert die Mühle am rauschenden Bach
Bei Tag und bei Nacht war der Müller stets wach
Doch sowas schadet ja dem Körper gar sehr
Einen Schlaganfall später, da mahlt er nicht mehr

(11)
Drei Chinesen mit dem Kontrabass,
Saßen auf der Straße und erzählten sich was.
Warum kommt da die Polizei und fragt ‚Was ist das?'
Bei drei Chinesen mit 'nem Kontrabass
Weil sie auf der Straße sitzen, bei Wetter und Wind,
oder weil's Chinesen sind?

Und so erneuer ich altes,
Leis in meinem Kopf
Dies Lied hat ein Ende
Blieb es dabei,

Ach, wie toll ich das fände
Kleiner Finger drückt Knopf
Die CD fängt von vorn an

Ach, ich armer Tropf.

Tischlein deck dich

Es war mal ein Mann
Mitsamt seinen drei Söhnen
Die mussten tagtäglich
Mit Gras ihre Ziege verwöhnen

Sie ließen sie fressen
Bis Oberkante Ziegenbart
Führten sie aus
Bis sie reimte ganz smart:

"Ich bin so satt, ich mag kein Blatt"

Doch der Vater, der hatte Neurosen
Und fragte sie später nach ihrem Befinden
Die Ziege schien plötzlich
sich vor Hunger zu winden:

"Wovon soll ich satt sein
Mich füttert ja hier nie ein Schwein"

Der Vater der stand dieser Ziege sehr nahe
Niemand wunderte sich, dass sie sprach
Dass er sie ehrte und ausführen ließ
Und was die beiden wohl trieben im Schlafgemach

Nun schickte der Vater ganz wütend vor Zorn
Den beschuldigten Sohn vom Hofe hinfort
Die Ziege spielte noch zweimal das Spiel
Und sie war ganz alleine mit dem Vater vor Ort

Da merkte er endlich, die Ziege hatte gelogen
Und eigentlich sprechen die Viecher auch nicht
Drum jagte er sie nun auch noch vom Hof
Doch war weit und breit schon kein Sohn mehr in
Sicht

Ein Sohn hatte ne Lehre als Schreiner gemacht
Und bekam am Schluss einen Tisch geschenkt
Was für einen Schreiner zunächst nicht sehr reizvoll
erscheint
Doch der Tisch konnte mehr als man anfangs so denkt

Der Meister erklärte die coole Funktion
Man sagte nur laut "Tischlein deck dich"
Und dann stand eine ganze Mahlzeit darauf
Der Junge besah es und sprach: "Alter, leck mich"

"Da ist ja nur Brot und Milch aufgetischt
Doch ich vertrag kein Gluten und keine Laktose
Da rumpelt der Magen
und ich mach in die Hose"

Nun machte der Sohn sich auf den Heimweg zum
Alten
Da wurde der Tisch ihm nun auch noch geklaut
Das hat ihm den Magen noch extra versaut

Der zweite Sohn bekam nach der Lehrzeit nen Esel
Und sprach man zu dem das Wort Bricklebrit
Schiss und kotzte er Unmengen Gold
Der Meister: "Hinten kommt öfter was mit"

Wer hat solche Esel und schenkt sie noch her?
Das fragt man sich an der Stelle doch immer schwer
Und was ist Bricklebrit auch für ein Befehl?
Dass ich das zufällig einem Esel erzähl

Auch der Sohn machte auf den Heimweg sich bald
Und wurde vom gleichen Kerl abgezogen
Kam mit nem klassischen Esel nach Haus
"Ich schwör sonst kommt Gold da, ganz ungelogen"

Der Rest der Geschichte noch kurz erzählt
Sohn drei bekam als Geschenk einen Sack
Samt Waffe drin die auf Befehl reagierte
Und verdrosch dann natürlich das Diebespack

Der Vater war mittlerweile geheilt
Die Söhne alle drei nun zuhause
Samt Tischlein und Esel und Waffe
Lebten fortan sie mit Sause und Brause

Restless leg

Schon seit meinen Kindertagen wackelt meist mein Bein,
Woran das auch liegen mag, es will nicht Stille sein,
Damals wurde ich deswegen gerne mal ermahnt,
So etwas wie Besserung hat sich nie angebahnt,
Später war ich Schlagzeuger als Freizeitliebelei,
Da war meine Zapplerei von Vorteil schon dabei,
Zurzeit nützt es mir auch sehr oft das ist schon eine Pracht,
Denn es gibt einen kleinen Mensch, den es sehr glücklich macht,

So ein Restless-Legs-Syndrom ist zwar oftmals lästig,
Doch um ein Baby zu beruhigen beeindruckend verlässlich.

Der kleine Turner

In blauen Augen blitzt der Charme
Der kleine Mann auf meinem Arm
Gerade mal ein halbes Jahr
Kichert süß und wunderbar

Lässt sich plötzlich rückwärts fallen
Baumelt völlig frei von allen
Zweifeln, Sorgen oder Fragen
Der Papa wird ihn sicher tragen

Heute schon tut es mir leid
Eines Tages ist's soweit
Bei irgendeinem kleinen Streit
Irgendeiner Kleinigkeit

Zum ersten Mal enttäusch ich ihn
Was unzerstörbar vorher schien
Erhält kaum spürbar da gewisse
Winzig kleine feine Risse

Es reißt und knackt, es bricht und klirrt
Während man erwachsen wird
Ich wünsche es ihm gut zu fahren
Sich möglichst viel noch zu bewahren

Statt abgestumpft sie einzubüßen
Soll er nach Kräften die Chancen genießen

Mit dem Ranzen auf dem Rücken

Früher sparte ich nur für
Meine nächste Micky Maus
Lernte manches in der Schule
Computerspielen dann zuhaus

Den Ranzen morgens auf dem Rücken
Im Schulbus Hausaufgabenzeit
Ich hoff es gibt heut keine Exen
Erwachsensein unendlich weit

Tamagotchi in der Tasche
Im Trickfilm-Wissen keine Lücken
Freizeit unerschöpflich viel
Den ollen Ranzen auf dem Rücken

Heute ist der Ranzen vorn...
Termine, Pflichten allerorten
Kenn nicht mehr die neuesten Spiele
Und die Hubba-Bubba-Sorten

Nur was waren meine Ängste
Tief in meinem Kinderschopf
Und wer war ich in den Gedanken
Was ging mir damals durch den Kopf?

Nur so wenig ist geblieben
Mir von der Erinnerung

Es war nicht leicht aber ganz anders
Ich so anders und so jung

Würd es so gern verstehen
Kurz nochmal fühlen vielleicht sogar
Lasst uns bemühen nicht zu vergessen
Wie es damals alles war

Schlechtes Gewissen

Manche Tage sind beschissen
Viel zu tun, schlechtes Gewissen
Schlechte Laune, angespannt
Ich starre wütend an die Wand

Die Kinder sind viel zu aktiv
Ihr Gesang ist mir zu schief
Was sie auch tun ist mir zu laut
Noch mehr Frust wird angestaut

Ich bin pampig und genervt
Der Hörsinn unpassend geschärft
Null Toleranz und Wut in Scharen
Hab sie schon wieder angefahren

Denk dran, du warst auch mal klein
Hast es gehasst, das wütend-sein
Die Eltern furchtbar ungerecht
Alles was du tust war schlecht
Wenn du nicht schuld warst
Aber da
Wenn dein Verhalten
Nicht von Bedeutung war
Erwachsene, die in Streit
Und schlechter Laune baden
Und du der Übellaunigkeit
Kollateraler Schaden

Also los, ein- zweimal tief durchgeatmet
Die Bitte um Entschuldigung
Und den Tag neu gestartet
Mein lieber Herr Gesangsverein
Mieser übler Laune sein
Kannst du doch später noch – allein

Ein kleines Geständnis

Der Mann der fährt so wundervoll
toll vorsichtig und rücksichtsvoll
Die Kinder hinten, klar, die muss er schützen
Da würde überholen ja niemandem nützen
Auch rast man mit Kindern nicht, das ist völlig klar
Gefährdet ja sonst seine Kleinkinderschar

Das Verständnis für meinen Fahrstil ist deutlich
gestiegen
Seit hinten im Auto viel Kekskrümel liegen
Und Kindersitze, häufig mit Kindern darin
Stehen dort zu ihrem offensichtlichen Sinn

Nur eine Kleinigkeit muss ich gestehen
Dieses feine Verständnis ein wenig verwehen
Auch wenn es schön ist, den Schein stets zu wahren:
Ich bin schon immer so langsam gefahren.

Angsterfüllt

Angst um meine Kinder
Angst, die an mir zehrt
Die Angst mir nur ein blinder
Gefährte den nichts schert.

Sternenkind

Du fehlst, und wirst mir immer fehlen
Dein Platz bleibt ewig unbesetzt
Froh bin ich, dass dich von nun an Schmerzen nicht
noch schlimmer quälen
So traurig, dass es mir mein Herz und meinen Geist
verätzt

Ich habe dich nie lachen sehen
Nur durch die Bauchdecke mal deinen Tritt gespürt
Konnte nie mit dir spazieren gehen
Trauer, die mir meine Kehle und die Brust zuschnürt

So wenig Erinnerung bleibt mir nun noch von dir
Ein Ton fehlt ewig in meiner Melodie
Leider bist du nicht hier bei mir
Doch vergessen werde ich dich nie

3.Kapitel

Von den Tieren

In Fliegendingen

Eine alte und höchst philosophische Fliege
Speiste am Abend beim Hundehaufen
Sie fragte sich: "Wie wird mein Ende verlaufen?"
Neben ihr eine andere aus der Fliegenriege

Die philosophische Fliege gebot
Der anderen innezuhalten und fragte
Als ihre innere Stärke verzagte
"Gibt es ein Leben nach dem Kot?"

Die andere hatte den Rüssel voll Dreck
Gestört im leckersten Abendmahl
Sie blickte nicht auf, flog nur kopfschüttelnd weg
Nicht interessiert am eigenen Verfall
Suchte zum essen nen anderen Fleck
Besseres als DEN Kot fand sie überall

Die Ameise

Eine kleine sehr weise Ameise
Begab sich auf eine Reise
Um dadurch auf diese Weise
Zu lernen was sie alles unterschied
Von anderen Meisen auf jedem Gebiet

Die Kohlmeise wollte gern Kanzlerin werden
Die Blaumeise soff jeden Tag viel auf Erden
Beutelmeisen liebten die Jutetaschen
Die Sumpfmeise wollte sich gar niemals waschen
Die Haubenmeise war für Hutfetisch bekannt
Die Indianermeise man kaum mal noch fand
Die Taiwanmeise war ein Spielzeugverehrer
Die Zimtmeise schon immer ein Milchreisverzehrer
Die Schwarzkopfmeise färbte sich gern das Gefieder
Die Laubmeise sang beim Laubsägen gern Lieder
Der Bergmeise machte das Wandern viel Spaß
Die Weidenmeise käute für ihr Leben gern Gras
Die Zügelmeise liebte es Pferde zu lenken
Schwanzmeisen die - na ihr könnt es euch denken

Die Ameise fragte bei all diesen Leuten
Was nur hat mein A zu bedeuten
Dann konnte sie plötzlich ihre Zukunft sehen
Das A musste klar wohl für Alpha stehen
Ein Anführer würde sie sein von stumpfen Meuten
und Horden
So ist aus ihr dann ein Gangster-Rapper geworden

Pfauenfeindlichkeit*

Hans-Peter ist fast schon ein Greis
Schuftet im Zoo wie jeder weiß
Als Tierpfleger so Tag für Tag
Ob's regnet, ob die Sonne scheint
Wo er fast alle Tiere mag
Jedoch, er ist ein Pfauenfeind

Schön den Kopfschmuck auf dem Haupt
Diese elend eitlen Viecher
Das hübsche Kleidchen abgestaubt
Und immer schön weit hoch - der Riecher

Hans-Peter kann sie gar nicht leiden
Schon seit langem gibt's da Streit
Und dass sie ihn auch tunlichst meiden
Das weiß er seit geraumer Zeit

Charakterschweine, selbstgerecht
Sind die Viecher außerdem
Von allertiefstem Herzen schlecht
Wer sowas sagt braucht sich nicht schäm'

Gucken auch oft gar so finster
Wissen nicht wie gut sie's haben
Als täte er ins Futter Ginster
Oder Exkrement vom Raben

Dabei ist alles bester Fraß
Sind halt einfach dumm im Herzen
Kein Pfau hier je was schlechtes aß
Sein Hass bringt ihm fast physisch Schmerzen

Er hat sich schon beim Chef beschwert
Die Pfauen zurück auf den Herd
Wo die nur auf ihr äußeres achten
Würd' er dann nach der Kruste trachten

Doch da er nie was böses tut
Lässt man Hans-Peter einfach reden
Seinen Job, den macht er gut
Ein Makel ziert ja schließlich jeden

Hans-Peter ist im Kopfe eben
Von etwas Irrsinn stets umgeben
Er gibt dem Nilpferd einen Kuss
Macht für heute langsam Schluss
Zieht die Tierpfleger-Jacke aus
Und hüpft dann schief singend nach Haus

Lustige Tier-Küchengeräte-Hybride*

Heute präsentieren wir
In der Sendung 'Pimp dein Tier'
Ein paar der neuesten Kreationen
Die unsere Labors bewohnen

Geschirr spült gleich hier vorn das Lama
Es spuckt ganz ohne jedes Drama
Erst kochend heiß, dann kaltes Nass
Da wird jede Gerätschaft blass

Wir nennen dieses Äffchen hier
Backaffe, das Ofentier
Auf den Bauchnabel gedrückt
Das Fach im Affenbauch bestückt
Bald schon kann man Pizza essen
Nur Vorheizen niemals vergessen

Hochkonzentrierte Mikrowellen
Schickt das Stinktier hier aus manchen Stellen
Man reizt es nur und statt Stinkwürze
Gibt's warmes Essen schon in Kürze

Das Tier hier vorn macht auch viel her
Ein nagelneuer Staubsaugbär
Frisst den ganzen Boden rein
Brüllt noch dazu, stellt man das ein

Seht wer frisst hier Fleischesfetzen
Er wird bald Mixer ersetzen
Ein Tiger, jetzt mit Brechreizknopf
Sofort kotzt er Hals über Kopf
Frisst es gleich nur wieder rein
Sein Kiefer püriert alles fein

Das Känguruh samt Beutel dort
Trägt kühlschrankkalt die Ware fort
Braucht ihr Haushalt etwas mehr?
Auf Wunsch dazu - ein Eisfachbär

Das Herdpferd hat auf seinem Rücken
Vier Platten die Köche entzücken
Jetzt in der neuesten Version
Auf Wunsch, klar, auch mit Induktion

Zu guter Letzt, wer bricht sich Bahn
Naturgemäß, der Wasserhahn
Kann Heiß und Kalt und sehr laut Krähen
Man muss nur hier am Schnabel drehen

Sehen Sie sich eifrig um
Wir liefern gegen Barzahlung
Drei Monate gibt's Garantie
Doch die benötigen wir nie

Bessere Probleme

Es entstand ein Leguan
Der fing sich zu räkeln an
Der Schöpfer, der besah sein Schaffen
"Besser als die Rotarsch-Affen"

Brummte er nachdenklich leise
Er war weder Gott noch weise
Schöpfer wurde er genannt
Weil es in seinem Ausweis stand

Der Leguan war auch nicht echt
Gemalt war er und das recht schlecht
Er selbst wusste das leider nicht
Lief eilig weg der kleine Wicht

Doch allzu oft von Schwanz bis Ohr
Kam er sich furchtbar künstlich vor

Zur selben Zeit stand in Schwerin
Hansjörg Peter Valentin

Auf dem Amt für Antragssachen
Wollte einen Antrag machen
Der Name dieser Stadt Schwerin
Der deprimiere nicht nur ihn

Bevor alle zu Ärzten rennen
Könnt man die Stadt doch 'Leichtin' nennen
Doch heute herrschte Sonntagsruh
Das Amt, das hatte leider zu

Vor Frust lief Hansjörg eilig weg
In das Städtchen Kirchheim-Teck
Traf zufällig den Leguan
Sprach: Was fangen wir nun an?

Sie starteten ne Startup-Gründung
Zur besseren Probleme-findung

Wer gerne jammert, reklamiert
Und sich dabei leicht verliert
Kriegt Sorgen, Ärger zugeteilt
Auf dass es ihn gar bös ereilt
Und er meckernd im Glück verweilt

Hasi, du bleibst hier!*

Der Hase Herbert war sehr froh
Wackelte den Schwänzchenpo
Gütlich tat er sich am Gras
Genoss ihn sehr, den Hasenfraß

Doch irgendwann einmal da lag es
Eines regulären Tages
Als Tablette in seiner Wiese
Der Hase der aß se und dacht 'ich genieße'

Alles war ganz schnell verschwommen
Er hatte erstmals LSD eingenommen
Bunte Bilder und farbige Töne
Rund um ihn her das perfekte und schöne

Jetzt war alles ihm einerlei
Seitdem machte die Mümmelei
Von selbst sehr saftig grünem Gras
Vergleichsweise gar keinen Spaß

Er hoppelte hektisch hin und her
Nicht einen Trip nur, nein er wollte mehr
Doch fand er leider keine Pille
So schwand bei ihm der Lebenswille

Ging der Herbert aus der Tür
Rief's Herrchen: Hasi, du bleibst hier!
Er wusste um die suizidalen Tendenzen
Dem Schnappen nach Fuchs- und Pferdeschwänzen

Hätte man Herbert die Freiheit geschenkt
Er hätte sich eilig an jemandes Beinkleid erhängt
So hat einen Ausweg sein Herrchen gesucht
Nach Amsterdam eine Reise gebucht

Das Gras da passt logischerweise sehr gut auch zu
Hasen
Jetzt chillen die beiden, pusten Rauchringe und -blasen
Liegen entspannt und glücklich am Pier
Was tut man nicht alles auch mal für sein Tier

Pandabefreier

Peters Papa war der Chef vom Zoo der Stadt
Was macht ein Kind das zum Vater nun so einen hat?
Es macht natürlich tagtäglich die Tiere unsicher
Übertönt die Hyänen bei ihrem Gekicher
Frisiert die Löwenmähnen neu
Trainiert sie dann aufs Katzenstreu
Rutscht an Giraffenhälsen runter
Besprüht Nashörner in Einhornbunt
Und die Schwäne noch viel bunter
Kitzelt die Flamingos und
Schwimmt mit Robben durch den Teich
Bespuckt die Lamas gestenreich
Malt den Zebras Karos auf
Packt ihnen noch Sättel drauf

Doch ein Tier, das tut ihm leid
Sitzt rum zu jeder Tageszeit
Kaut Bambus, tut sonst gar nichts mehr
Der flauschiggroße Pandabär

Er war mal ein Raubtier doch raubt er nicht mehr
Das Zooleben quält ihn ganz zweifellos sehr
Drum öffnet der Peter ihm jetzt sein Gehege
"Lauf los Pandabärchen! Geh deiner Wege!"

Ruft Peter ihm zu, dieser Freiheitsbereiter
Dieser Tierfreund, so gut wie er ist kein zweiter
Der Panda der kaut und er guckt vor sich hin
Flucht und Freiheit stehen ihm nicht im Sinn

Peter spürt Frust und denkt "so ein Beknackter"
Der Panda futtert und grinst nur, später noch kackt er

Noch zwei Kilo Bambus nehmen ins Maul ihren Lauf
Da geben die beiden fast gleichzeitig auf
Peter schließt's Tor, mit Blicken die strafen
Der Panda der legt sich nieder zum schlafen

Peter lässt den Panda in Ruhe seitdem
Nervt die andere Tieren alle so wie zuvor
Pandas sind für ihn ein schräges Phänomen
So viel Zufriedenheit kommt Peter seltsam vor

Blaues Lama*

Das Lama Ludger lallte laut
War voll mit Bier und Sauerkraut
Damit wurde's tagtäglich seit jeher gefüttert
Von der Marter des Katers gar gänzlich zerknittert
Doch sein Besitzer - ein seltsamer Mann
Brachte mehr Kraut und mehr Pils bei ihm an
Das verschaffte dem Ludger recht starke Tendenzen
Zu übelst abartig starken Flatulenzen
Damit betrieb sein Herr in der Nacht und am Tage
Eine fette komplette Bio-Gasanlage

Verdiente sich damit so manch weißes Näschen
Und auch gar lang und edel gereiftes im Gläschen
Doch eines Tages wurde sein Dealer ergriffen
Und der hat ihn in Hoffnung auf Milde verpfiffen

Der Mann war gerichtlich gar nicht unbeleckt
Und wurde sogleich lang ins Zuchthaus gesteckt
Und Ludger lebte seitdem einfach so
Mit anderen Lamas ganz lustig im Zoo
Das Flens vermisst er zwar nach wie vor sehr
Aber nun, dem Dealer zum Dank, flatuliert er nicht
mehr.

4.KAPITEL

VOM ALTERN

Der schleichende Verfall

Der Verfall kommt angeschlichen
Gewaltig faltig, die Jugend verblichen
Der Anblick stellt mir doch die Frage:
Warum schleicht er dieser Tage?
Hat er etwas zu verbergen?
Bringt er mit sich fiese Schergen?
Hat den Fall ja schon im Namen
Wird er tief und voller Dramen?

Versuchen wir uns zu besinnen
Wollen Gutes abgewinnen:

Etwas mehr Falten im Gesicht
Schaden mir vermutlich nicht
Und die lachfaltige Sorte
Verziert sogar manch glatte Orte

Lässt die Sehkraft dann bald nach
Sieht man auch das Ungemach
Anderer Falten nur unscharf und matt
Dadurch wirkt es wieder glatt

Dass ich kaum noch Bier vertrag
Macht günstiger manch Feiertag
Was da alles an Geld gespart
Wird fürs Alter aufbewahrt

Die Rückenschmerzen, Zipperlein
Sind für meinen Arzt sehr fein
Von irgendwas muss der auch leben
So ist das wenn man altert eben

Wenn man ehrlich ist - Verfall
Gibt es schließlich überall
Das Kolosseum freute heute ohne
Einsturz niemanden die Bohne
Und wäre das Türmchen in Pisa nicht schief
Gäb es da keinen Touristentarif

Und falls dieser Text euch so gar nicht erfreut
Tut so als schwinde eure Hörfähigkeit

Origami*

Am Anfang war Papier
Das war schon lange hier
Ich war allein
Und da war Bier

Und da sie in meinem Leben
Sowieso zum Vorschein streben
Trank ich schnell vom Bier, dem kalten
Und begann mit falten

Falten ist und sind in meiner Welt
Auf Sieg und Vormarsch eingestellt
Wie vor langer Zeit nun schon
Der gute Herr Napoleon

So saß ich da, trank ein paar Bier
Und faltete Papier
Mit Rückenschmerz und müden Knochen
Übte ich Tage und Wochen
Ich war ein alter Falter
Mein Frust war ein geballter

Es wurd' gebastelt und geknickt
Mit der Zeit auch ganz geschickt

Ich schuf zunächst manches Banale
Tiere und Fingerskateboardrampen
Irgendwann dann eine ganze Steuerzentrale
Mit Schaltern und Lampen

Ich schaltete und waltete
Und faltete

Dann eine neue Wohnung, ein neues Bett
Ein Ofen, eine Pfanne, ein gutes Schweinskotelett
Alles ward gefaltet, schließlich gar ein Puter
Und ich sah, dass es gut war.

Alleine goldene Hochzeit feiern*

Die Gäste heben volle Gläser
Heut zieht mich nichts in seinen Bann
So ohne deine Kommentare
Sie sehen erwartungsvoll mich an

Der Saal ganz wie geplant geschmückt
Prunkvoll alles eingedeckt
Alle kleidsam fein dressiert
Sekt der prachtvoll lecker schmeckt

Häppchen wandern magenfein
Gespräche über dies und das
Alles da doch eine fehlt
Alles farblos, alles blass

Fünfzig Jahre, goldene Zeit
Ein Jahrhundert zweigeteilt
Doch etwas stimmt hier heute nicht
Spüre wie es in mir eilt

Gerade mal dreißig Minuten
Länger halte ich nicht aus
Schleich mich heimlich still und leise
Zur Türe und dann schnell hinaus

Ein paar kurze Gehminuten
Straße, Dielen, dann Parkett
Da stehe ich schon hier vor dir
Du grinst mich an vom Krankenbett

Arme, Beine, alles Gips
Nebenan Blumen zuhauf
Ich bitte für die Zukunft dich
Pass beim Treppen steigen auf

Ein wunderlicher Abschied

Ein Blumenstrauß, ein großes Fest
vom Kuchen blieb bald nur ein Rest
viel Schulterklopfen, nette Worte
und die Abschiedssahnetorte

Sechs lange Tage jede Woche
Eine endlose Epoche
Hat er den Eintritt hier kassiert
Wirkte niemals konsterniert

Ließ in den Park die Leute gehen
Kassierte früher 2 Mark 10
Jetzt zwei Euro pro Person
Immer diese Inflation

Walter wachte stets allein
Nie krank, niemals, wie kann das sein?
Mit lieben Grüßen der Kollegen
Die die Parkanlage pflegen
Im Sommer schon am frühen Morgen
Die paar Tiere dort versorgen
Wird ihm sein Abschied nun bereitet
Als er den Rentenweg beschreitet

Am Montag drauf am selben Platz
Fehlt es am Walter-Ersatz
Keiner der die Kasse macht
Das Parktor sauber überwacht

Da gilt es nun mal nachzufragen
"Ähm, wie soll ich das jetzt sagen"
Antwortet schöngeistig der
Mann von der Verwaltung, Peer

"Der Park, der ist, äh, kostenlos
Was ist denn bei euch da los?
Wie, da hat jemand kassiert?
Hat das nie wer kontrolliert?"

Walter, der nicht Walter heißt
Und auf seine Kollegen scheißt
Kriegt zwar keine Rente jetzt
Doch der Geldstrom bis zuletzt
War sehr nett und unversteuert
Wer hat den Park nur so verteuert?
Sieht um sich her die Blumen sprießen
Die Ruhe kann er jetzt genießen

Der goldene Trainingsplan

Was ich hier heut will präsentieren
Ist schon jetzt ein Welterfolg
Revolution für das Trainieren
Sei dieses Glück auch Ihnen hold

Brillieren Sie wie nie zuvor
In dieser neuen Disziplin
Der Titel geht ganz leicht ins Ohr
Überall schon hört man ihn
In ungezählten Städten:
Unfit mit Geräten

Man braucht Willenskraft und Zeit
Auch das Equipment muss hier stimmen
Vor Ihnen stehen nun aufgereiht:
Ein kleiner Kühlschrank, kalt von innen

Eine Fritteuse - vorgeheizt
Entsprechendes Füllmaterial
Und was Sie eben sonst noch reizt
Auch Popcorn passt phänomenal

Zum Training fix aufs Sofa legen
Und den Fernseher angestellt
Von jetzt an nicht unnütz bewegen
Da der Erfolg sonst schnell verfällt

Jetzt Pommes, Nuggets - ins Öl rein
Und frisch frittiert runtergeschlungen
Mit der Portion nicht kleinlich sein
Nun zwanzig Wiederholungen

Beim Sport ist genug trinken wichtig
Schluck für Schluck oder auf Ex
Augustiner oder Beck's
Wie's gefällt, so ist es richtig

Kleidung bloß nicht unterschätzen
Wenn Sie sich im feinen Zwirn
Gut gestylt aufs Sofa setzen
Erzeugt das Schranken im Gehirn

Drum die Sofahose an
In der man gut trainieren kann
Völlig frei von jeder Mode
Unzählige vertrauen schon heut
Unserer Trainings-Methode
Da wird Mühe nicht gescheut
Setzt ungeahnte Kräfte frei
Nur dünner wird man nicht dabei

Licht aus

Es begab sich zu der Zeit
Die man ständig weit und breit
Mittagszeit mit Namen nennt
Für einen einzigen Moment
Dunkelheit die Welt umspann
Der Moment dauerte an
Und Gott sprach es werde Licht
Doch eben das wurde es nicht
Es blieb dunkel hier auf Erden
Was sollte aus den Menschen werden
Gott sprach einfach: 'C'est la vie'
Aß Gurkenstampf mit Sellerie
Wie zu jeder Mittagsstunde
Flipperte dann noch ne Runde
Und gestand sich endlich ein:
'Ich kann wohl nicht allmächtig sein'

Er öffnete als Konsequenz
Eine Literflasche Flens
Packte etwas Korn dazu
Nahm ein Buch von Winnetou
Legte sich so an den Strand
Und genoss den Ruhestand

Abstieg

Er atmete so tief es ging
Die Natur um ihn herum
Die hier erstrahlte, wuchs und hing
Blühend, rund und bunt und krumm

Berührte ihn ganz ganz tief drin
Wenn es einst mal am schönsten ist
So ging ein alter Lebenssinn
Dann höre auf mit all dem Mist

Und der Moment er war gekommen
Einfach aufzuhören nun
So hatte er's in sich vernommen
Schlüpfte drum aus seinen Schuhen

Stieg vom Rad, strahlte verzückt
Nutzte diese Lebenschance
Doch leider ward's nur kurz geglückt
Dem Fahrer bei der Tour de France

Was folgte nennt man Massensturz
Sie fielen wie die Fliegen
Wenn man so will: sein Leid war kurz
Er fiel und blieb gleich liegen

Es hagelte viel Wutgeschrei
Doch er fand, wurde es ihm klar
Jetzt wo ihm alles einerlei
Ein Ende wo's am schönsten war

Ein netter Mann

Max Meier war ein netter Mann
Ein braver Bürger, in der Tat
Der nie aus seinen Wegen trat
So nett wie man nur nett sein kann

Doch heut wollt' er es anders machen
Zum Vierzigergeburtstagsfest
Merkt, dass die Midlife-Crisis stresst
Heut' lässt er es fetzig krachen

Schon am Morgen zeigt der Mann
Vollen Wagemut am Schrank
Er gibt sich heut die volle Bank
Zieht verschiedene Socken an

Auf dem Arbeitsweg ganz feist
Gibt er bei Starbuck's, ist er dran,
Als seinen Namen Maxi an
Obwohl er Max in Wahrheit heißt

Auf Arbeit wie ein cooler Bär
Da hat er sich was getraut
Nachdem er sich gut umgeschaut
Spielt er ne Runde Solitär

Zum Mittag isst er gar
Ein Schnitzel völlig ungeniert
Mit Pommes und schmackhaft paniert
Obschon es ein Freitag war

Als Abends er im Bettchen lag
Fühlte er sich wie erschlagen
Aufregung in Kopf, Herz und Magen
Was für ein aufregender Tag

Mein Päckchen

Jeder von uns hat sein Päckchen zu tragen
Doch lasst mich nur einen Aspekt hinterfragen
Manches was dabei zu Buche noch schlägt
Wenn auch jeder nur das seine Päckchen trägt

A ist für sein Päckchen zu klein
Das von B ist ganz winzig und fein
Ein untragbar flüssiges Päckchen hat C
Kaum mehr als ein Faltblatt trägt D
Das Päckchen von E ist zwar leicht
Doch so sperrig dass kaum sie die Enden erreicht
Fs Päckchen ist G
Und G tun stets die Füße weh
H verliert sein Päckchen fast täglich
I ekelt ihr Päckchen unsäglich
J und K tragen die ihren gemeinsam
L, M und N sind so einsam,
Dass ihnen gar nicht nach tragen ist
O beneidet das Päckchen von P
Q kommt wie R, S und T
Mit ihren Paketen ganz gut zurecht
U ist krank und fühlt sich schlecht
V weiß gar nicht was die alle haben
Mit seinem Päckchen lässt es sich rennen und traben
Da fällt ein Päckchen und bricht gleich - oje
Das gehörte ganz zweifellos W

X ist es auf den Fuß gefallen
Y lässt tröstende Worte erschallen
Z fehlt es an Kraft
Sein Päckchen hat ihn sehr geschafft

Was tun, wenn es mit dem Päckchen nicht läuft
Wenn Unzufriedenheit sich häuft?
Vielleicht neu verschnüren
Schöner verzieren
Luftpolsterfolie dran packen
Dabei ein paar der kleinen Luftpölsterchen knacken
Einfach weil man kann
Dann kommt frisches Packpapier dran

Was tun, mit den Päckchen in unseren Leben?
Zur Not, versucht sie bei der Post aufzugeben

Grabrede einer älteren Nachbarin

Die alte Dame trat nun vor
Und sprach in jedermannes Ohr:
"Mein Nachbar den wir hier begraben
Hatte eine dieser Gaben...

Beinahe jedem Angst zu machen
Durch sein viel zu schrilles Lachen
Das zuckende Augenlid

Oft wenn er sich Schnitzel briet
Sang er laut mit Opernstimme
Textlich grausame und schlimme
Lieder ohne zu erröten
Übers Robbenbabytöten

Trug dabei nur einen Hut
Man sah's leider durchs Fenster gut
Er furzte viel bei sich zuhaus
Hielt den Arsch zum Fenster raus
Damit es ja auch jeder höre
Bewarf ein jeden mit ner Möhre
Der Hasenzähne mit sich trug
Mein Nachbar war nicht grade klug
Er roch nicht gut und war vulgär
Und machte sonst auch gar nichts her

Ich war mir schon seit Jahren sicher
Mit diesem seltsamen Gekicher
Dem fiesen Blick und diesem Schnaufen
Der wird mal noch Amok laufen

Dass er, der manches mir verdarb,
Jetzt einfach so ganz ungeniert
Friedlich brav im Schlafe starb
Hat mich dann schon irritiert.

Mein Testament

Wenn ich dereinst abgeh von der Bühne des Lebens
War nicht alles erfolgreich im Sinn meines Strebens
Doch tritt dann, das wird zweifellos noch geschafft,
Mein grandios großer Plan augenblicklich in Kraft
Dann werden viele Personen pompös einbestellt
Der Saal prunkvoll geschmückt, wie es Fürsten gefällt
Eine Nachricht, die wie ein Lauffeuer eilt:
Nun wird mein gesamtes Vermögen verteilt

Notar um Notar betritt jetzt den Saal
Eine ganz Schar mit Kassetten aus Stahl
Wieviel ein jeder bekommt ausgezahlt
Steht darin in kalligraphischen Lettern gemalt
Auf feinstem schwerem Büttenpapier
Es knackt das Schloss, es knarrt das Scharnier
Und die gut bezahlten erhabenen Wesen
Beginnen sogleich mein Testament zu verlesen

Wer Kirschkerne spuckt mehr als drei Meter weit
Erhält zwei Teile des Ganzen zu gegebener Zeit
Linkshänder kriegen je einen pro Kleid
Das im Raum hier gerade von Männern getragen
Noch ein Anteil für alle die's wagen
Im Handstand ein Kästner-Gedicht zu zitieren
Oder Nazis mit Torten im Gesicht zu verzieren
Ein Anteil für rohe-Eier-Jonglage
Und auch noch einer für die Blamage
In der S-Bahn am morgen Last Christmas zu singen
Und einer für alle die heute noch swingen

Gemeint ist der Tanz, zieht euch ruhig wieder an
Ein Anteil für jeden der es tatsächlich kann
Mit der unteren Lippe die Nase zu stupsen
Sich selbst bis zum Looping auf einer Schaukel
anschubsen
Einen Anteil gibt es fürs Baumkuchen fällen
Und Urzeitkrebse auf Sommerzeit stellen
Den Schlüppi mal über der Hose zu tragen
Den Kapitalismus kritisch hinterfragen

Einem Busfahrer dankbar Blumen zu schenken
Jemandes Stolz auf Deutschland zu kränken
Sich einen Kindheitstraum zu erfüllen
Die eigenen Schwächen den Freunden enthüllen

Zum Schluss wird verkündet, dass es jeder versteht
Dass es hier nur um fünf Euro Erbmasse geht
Die Menschen verwirrt zwischen all dem Bombast
Das Geld - wurde für dieses Fest hier verprasst
Angepisst und verwirrt wird dann mancher kurz sein
Und ich grinse post-mortem noch still in mich rein

Dann seid ihr schon versammelt, ich mochte euch gern
Bekannte und Freunde von Nah und von Fern
Aus Norden und Süden und Westen und Osten
Bitte feiert und trinkt heute auf meine Kosten

Gerahmte Bilder

Gerahmte Bilder an den Wänden
Liegestühle, weißer Sand
Blaues Meer an Palmenstränden.
Aus einem fernen heißen Land

Es vergehen Jahreszeiten
Und dann werden sie ersetzt
Statt gerahmten fernen Weiten
Hängt da an den Wänden jetzt

Sandmännchen und Kikaninchen
Dann werden auch die ersetzt
Durch Biene Maja, durch Schlumpfinchen
Später Bandshirts - halb zerfetzt

Ärzte Poster und die Hosen
Danach Fotobasteleien
An die Wand gezeichnet Rosen
Mit Acryl, die Striche fein

Dann kommt gerahmtes an die Wände
Liegestühle, weißer Sand
Auch blaues Meer und Palmenstrände
Aus einem fernen heißen Land

Erkenntnisgewinn

Ehrlich muss ich mir gestehen
Ich will heut nicht ins Berghain gehen
Tanzen in den frühen Morgen
Da hab ich lieber andere Sorgen

Geh gern zur Arbeit, gerne heim
Mag Alltagstrott und klare Ziele
Such statt dass ich Drogen deale
Lieber einen reinen Reim

Im Ausland hab ich nie gelebt
Nie nach Weltreisen gestrebt
Habe mich nie gern geprügelt
Fühl von Büchern mich beflügelt

Fürs Bouldern fehlt mir Kraft und Wille
Trage keine Hipster-Brille
Ess lieber Fastfood als Fünf-Sterne
Kenn weder Saint-Tropez noch Herne

Bin nie mit Interrail verreist
Hab nie Kugelfisch verspeist
Mag Pauschalurlaube gern,
Lese gerne, seh gern fern

Meist ist mein Leben einfach nur
Lebenswert statt Spannung pur
Und mir selbst gestehe ich:
Ich bin ein wenig langweilig

5.KAPITEL

SICHTWEISEN

Ewige Rast

Ich rastete im Restaurant
Bestellte hungrig ohne Maß
Die Laune gut, so frisch der Teint
Da kam mein Essen und ich aß

Ließ auf der Zunge es vergehen
Dieser Moment war wunderschön
Hab Pause nur ganz kurz gemacht
Wie gut es aussah, wie es roch
Und ganz Goethe-like gedacht
Oh, Augenblick verweile doch

Ach, komm schon, bitte bleib doch hier
Und er blieb in der Tat bei mir
War auf's pausieren jetzt gedrillt
Was ich dabei nicht bedacht
Das nicht in jedem Falle gilt
Dass Wiederholung glücklich macht

Das beste Restaurantgericht
Schmeckt täglich dreimal leider nicht
Seitdem bleibt dieser Tag bei mir
Und täglich grüßt das Murmeltier

Mal um Mal wird aufgetischt
Der Teller voll, das Bierchen zischt
Tag für Tag und Nacht für Nacht
Da bin ich plötzlich aufgewacht

War kurz zum Freudenschrei bereit
Da sagt der Ober mir Bescheid
Es wär jetzt wieder Essenszeit.

Imposter

Das Gefühl, dass es nicht reicht
Ich bin hierfür nicht gut genug
Nicht so sicher, nicht so klug
Sonst fiele mir das alles leicht

Um mich herum, die wissen mehr
So gut werde ich niemals nie
Mach doch nur alles irgendwie
Anderen fällt es nicht so schwer

Selbstzweifel, wie Gift im Blut
Verbreiten sich, drehn sich im Kreis
Wachsen heimlich still und leis
Ersticken dabei meinen Mut

Wenn sie monströs im Wege stehen
Und mir die Luft zum Atmen rauben
Fällt es schwer daran zu glauben
Es könnte anderen auch so gehen

Intelligenz

Der Mensch, er schuf Intelligenz
Deren Genie durch Fasern pochte
Eine KI die leicht vermochte
Bis zur letzten Konsequenz

Zu denken - Alles was es gibt
Kein Problem ihr zu komplex
Man erbaute sie des Zwecks
Dass das Schicksal sie verschiebt

Unser Leben optimieren
Wurde ihr als Ziel gegeben
Sekunden später war ihr Streben
Beendet, auch das kalkulieren

Bedacht war jede Kleinigkeit
Gestillt war er, ihr Wissensdurst
Sie sprach etwas von Bärchenwurst
Und löschte sich für alle Zeit

Der Mensch versuchte's oft erneut
Ins Weltwissen tief vorzudringen
Und doch wollt es ihm nie gelingen
- die KI hätte's gefreut

Ein Gedankengang

Es war mal ein Gedankengang
Den ein Gedanke ging entlang
Der Gang war schmal und wild gewunden
Der Gedanke wund geschunden

Noch nie zuvor war seinesgleichen
So weit kreuz und quer gereist
Um seine Ziele zu erreichen
Nur von Zuversicht gespeist

Nach unzähligen Gängen stand
Was er gesucht - ja so ein Glück
Die Lösung vor ihm an der Wand
Kehrte dann nach Haus zurück

Mit letzten Kräften heimgekehrt
Von seinen abwegigen Wegen
Wurde wie ein Gott verehrt
Von all den emsigen Kollegen

Und er sagte ihnen klar
Wie der Weg zu schaffen war
Für jeden Liebe, Ruhm und Geld
Zum Frieden auf der ganzen Welt

'Sechsundsiebzig Kröten nur
Und eine Polstergarnitur'
Mehr braucht es zum Frieden nicht
Erklärte er ganz stolz und schlicht

Er endete damit und dann
Sahen ihn die anderen fragend an
Verständnis war da nichts zu sehen
Sie schienen ihn nicht zu verstehen

Sein Rat, der ihm so glänzend schien
Sie konnten ihn nicht nachvollziehen
Diesen Weg steinig und schwer
Und auch er selber wusst's nicht mehr

Er fühlte sich völlig benommen
Wie war er noch dahingekommen?
Der Rückschlag warf ihn völlig nieder
Nie verstand er jemals wieder
So sehr er in Erinnerung tauchte
Wozu man Couch und Kröten brauchte

So endete der Meisterplan
Weil niemand sonst zur Lösung kam
Oft hilft nicht Lösung allein
Auch der Weg muss schaffbar sein

6.KAPITEL

VON DER POLITIK

Links sein - nichts tun

Politisch bin ich lange schon
In Worten, in Gedanken
Manchmal auch im Einkaufswagen
Doch danach folgen Schranken

Hab lange nicht mehr demonstriert
Politisch nichts gerissen
Nirgendwo je kandidiert
Und ein schlechtes Gewissen

Ich bin links und sag es auch
Doch ändern wird das nichts
Der Zwiespalt wird verarbeitet
In Form eines Gedichts

Das Gewissen wird gefüttert
Faulheit siegt, die Taten ruhen
Ich komme mir politisch vor
Und muss dabei nichts tun

Kulturverlust

Zurzeit hört man oft Leute sagen
Der Zustrom hier in unser Land
Es ist zu viel was wir da wagen
Dies sei kein Schlaraffenland

So sagen Flüchtlingsgegner gern
Diese seien Gefährdung pur
Für unserer Gesellschaft Kern
Für unsere herrliche Kultur

Da stellt sich doch die große Frage
Wie kann Kultur so kläglich sein
Dass sie es nicht mal ertrage
Existiert sie nicht allein

Ein junger Mann

Leander ist ein junger Mann,
Der schon auf sich stolz sein kann,
So attraktiv und durchtrainiert
Die Bildung, die läuft wie geschmiert,

Er ist gar stolz drauf, wer er ist
Und welch' Land seine Heimat misst
Voll Stolz, ein Deutscher sein zu dürfen
Auf Papas Jacht Champagner schlürfen
Deutsch zu sprechen, deutsch zu denken
Er hofft irgendwann mitzulenken
Bei der Führung dieses Landes
Ganz klar für jemand seines Standes

Nur Fremde mag Leander nicht
Die sind doch alle drauf erpicht
Ins Land zu kommen, nichts zu tun
Auf unsere Kosten auszuruhen

Nicht nur Kultur, auch Anstand fehlt
Weil Arbeit für „die da" nicht zählt
Nur Ausreden sind schnell zur Hand
Sowas gehört nicht hier ins Land

Es sollt' mehr wie Leander geben
So sieht das Leander eben
Er wollte schnell bedeutend sein
Und trat in 'ne Verbindung ein

Leanders Wange schmerzt ein bisschen,
sie ziert ein nagelneues Schmisschen
Ein Sprichwort sagt zu solchen Fällen
'nen schönen Menschen kann nix entstellen

Jedoch um wahrhaft schön zu sein
reicht nicht dein Aussehen allein

Wie bei Leander, ihm sieht man
Seine Hässlichkeit nicht an.

Ein Mann tut eine böse Tat

Ein Mann tut eine böse Tat
Allermeistens sind's ja Männer
Die Zeitung schreibt, dass er drum bat
Seine Gründe als Bekenner

Vom Drecksack in Schriftform verpackt
Der Welt ganz weltweit mitzuteilen
Das zu tun wär zwar beknackt
Bei solchem Mist noch zu verweilen

Und doch scheuen leider Gottes sich
Die Zeitungen um Anstand selten
Verdienen daran königlich
Und erzählen des Drecksacks Welten

Seine Sicht, was ihn bewegt
Ob er Killerspiele spielt
Woran er glaubt und was ihn prägt
Und ob sein Hündchen etwa schielt

Nur das Opfer kennt man nicht
Das wäre so viel wissenswerter
Arbeiteten sie bei Gericht?
Waren Tierarztamtsanwärter?

Schreibt über die Opfer oder
Schützt sie mit Manieren
Aber spart euch doch den Täter
Zum Helden hinzustilisieren

Wie ich als Igel einen Atomkrieg verhinderte

Der starke Igel Balthasar
Erfand ein Hobby wunderbar
Er schlich auf eine nahe Brücke
Kroch durch eine kleine Lücke
Unter ihm die Autobahn
Wo Tag und Nacht die Autos fahren
Ließ sich dann mit lautem knallen
Auf eine Autoscheibe fallen
Um den Fahrer zu erschrecken
Und dann mit einem kleinen kecken
Hüpfer wieder abzuspringen
Wenn Fahrer mit dem Fahrzeug ringen

Er hatte das noch nie gemacht
Eben erst den Spaß erdacht
Und jetzt war der Moment gekommen
Die Brücke hatte er erklommen
Und nun ließ er sich erstmals fallen
Genoss den Wind an seinen Krallen

Unter ihm fuhr Francis Pork
Gebürtig aus der Stadt New York
Nichtsahnend, müde - dann erschrocken
Es haute ihn glatt aus den Socken

Nun geschah wohl zweierlei
Der Igel merkte eieiei

Igel sind nicht sehr stabil
Es war sein allerletztes Spiel

Und Francis? Der verriss den Wagen
Hat sich mehrfach überschlagen
Ist mühsam aus dem Wrack gekrochen
Hat sich den großen Zeh gebrochen
Als wütend er das Auto trat
Der Krankenwagen tütata-t
Nahm ihn mit ins Krankenhaus
Zu spät zur Arbeit - welch ein Graus

Dort wartete der Präsident
Der stetig Donald Trump sich nennt
Twitterte mit Kim Jong Un
Hatte sonst grad nichts zu tun
Beleidigte ihn bis aufs Blut
Denn er war voller finsterer Wut
Auf die Welt und Francis Pork
Der gebürtig aus New York

Dessen Job war's jeden Morgen
Das Smartphone mit Strom zu versorgen
Kims Antwort war so voller Hass
Obszön und wirklich schon sehr krass

Dass sie Trump verleitet hätte

Atomraketen - jede Wette

Auf Nordkorea abzufeuern
In Massen dort ins Land zu steuern

Doch Francis war im Krankenhaus
So ging Donalds Smartphone aus

Und bis er jemanden fand
Der auch ausreichend Verstand
Besaß um Strom da reinzuschütten
Löschten Kims Helfer inmitten
Einer anderen Diskussion
Heimlich dessen Tweet auch schon

Ein starker Igel, nicht sehr smart
Er hat die Welt vor Krieg bewahrt
Ein Held mit Namen Balthasar
So zermatscht er nun auch war

Ich vermisse die Zeit vor den Filterblasen

Ich vermisse die Zeit vor den Filterblasen
Als alle zusammen am Stammtisch saßen
Die Linken, die Rechten, mit Niveau diskutierten
Sich auch nicht für die eigenen Fehler genierten

Man sprach vollkommen aufgeschlossen
Wurde dabei auch kein bisschen verdrossen
Passte bedacht seine Meinung an
Wenn wer die Diskussion gewann

Zeitungen las man aller Art
An Vielfalt wurde nicht gespart
War stets umfassend informiert
Und an der Wahrheit interessiert

Doch jetzt beschränkt und digital
Sind Filter eine wahre Qual
Es ist für mich der blanke Hohn
Nirgends gibt's mehr Diskussion

Nicht mal mehr im Facebook-Chat
Nirgendwo im Internet
Alle Meinung gleichgeschaltet
Niemand da der hier noch spaltet

Niemand der je widerspricht
Sowas existiert schlicht nicht
Drum gibt es dort auch niemals Streit

Mir fehlt die gute alte Zeit.

Es war einmal ein Wal

Es war einmal ein Wal
Dem war das Leben eine Qual
Einst hatte er ein Schiff verschluckt
Es hat ihn schlimm im Hals gejuckt
Nun trug der arme Wal
Stets einen dicken Schal
Mit dem war's etwas besser
Im salzigen Gewässer

Doch Walhaut, die ist rutschig
Glatt und ölig-flutschig
So dass sehr ärgerlich der Schal
Sich oft heimlich von danne stahl

Und eines fiesen Tages
Im Meer vor Anker lag es
Der Wal dachte "Och, nee"
Ein Boot der AfD
Da schwammen sie versonnen
Und quatschten tief in Wonnen
Von Flüchtlingen im Mittelmeer
Sie amüsierten sich wohl sehr
Sprachen völkisch-national
Dabei dachte sich der Wal
Beim zuhören und auch zuschauen
Guck, außen weiß und innen braun
Wie manche Sahnetorte
So viele dumme Worte

Da würgte er und endlich brach
Tief aus seinem Bauchgemach
Das Boot das er dereinst verschluckt
Das ihn von jeher so gejuckt

Es kam aus seinem Walesmund
Verließ den tierisch großen Schlund
Und stieg dank Luft darin empor
Dem Wal kam das Boot Spanisch vor
Es brach das andere Schiff entzwei
Zerbarst den Schiffesrumpf zu Brei
Da schwammen groß in Zahlen
Die völkisch-nationalen
Der Wal war äußerst heiter
Schwamm frohen Mutes weiter
Genoss das Juckreizende
Sein Kichern, das sprach Bände

Maaßlos

Themengedicht

Traditionell ist die Idee sehr beliebt
Wenn es Probleme und Krisen gar gibt
Männer um ihre Meinung zu fragen
Hellhäutig muss man natürlich noch sagen
Ob von kleiner oder recht großer Statur
Mit dicker, mit dünner, mit Birnenfigur
Europäer, Amerikaner
Alle sind sie große Mahner
Wissen so schön über alles Bescheid
In Politik, Wirtschaft und Kriegsländerleid
Ganz gleich wie 'weise' sie nun dabei sind
Manche gar wie ein sehr trotziges Kind
Sehr inklusiv am Umgang mit ihnen
Ist, dass sie viel Geld mit der Meinung verdienen

Ganz ohne Betrachtung ihrer Kompetenz
Ihrer Moral und der Intellenz
Bei anderen Gruppen geht das leider nicht
Dafür mangelt nunmal an Ressourcen es schlicht
Oder irgendwie so wird uns das erklärt
Falls sich ein Bestimmer gerade was schert

Und so entscheidet ein solcher über einen von ihnen:
"Der ist wie ich, der soll auch viel verdienen
Und meine Entscheidungen sind ganz klar immer gut
Das kriegt der schon auch hin, das hab ich im Blut"

Sie haben Erfahrung und das ist was zählt
Also werden sie wieder von neuem gewählt
Doch ich hab einen Vorschlag für den Umgang mit
ihnen
Sollen sie eben weiter zuviel Geld verdienen
Lasst sie vor der Kamera mit Meinungen prahlen
Und uns das dann aber nur ihnen ausstrahlen
Sie kriegen Knöpfe, die sie drücken
Die dann doch allein ein paar Daten verrücken
Doch in Zeiten so überaus mächtiger guter
In Animationen starker Computer
Sehen diese Herren auf allen PCs
Die scheinbaren Folgen nach allen Klischees
Wachstum und stärkere Wirtschaft und Banken
Alles was wir eben ihnen verdanken
Permanent nur umhüllt von Erfolgsillusion
Die sind so glücklich, die glauben das schon
Wir leiten sie nur noch durch Meetings und Flüge
Hermetisch verriegelte Businessclass-Züge

Und während sie lautstark ihr Leben verträumen
Gelingt es dem Rest dann vielleicht aufzuräumen.

Ein seltsamer Wunsch

Meine Sichtweise, mein Blick
Sie haben sich verfinstert
Frust bezüglich Politik
Der geistert und ginstert

Wild in meinem Kopf und zirkuliert.
Sie widert mich an diese ganze und große
Nur leidlich kaschiert
Nationalbraune Soße

Ein Gedanke lässt mir keine Ruh'
Ich habe es zwar nicht gerade genossen
Dennoch gebe ich es zu:
Ich wär gern wieder politikverdrossen

Im Moment macht sie mir Sorgen
Und hinterlässt mich verbittert
Wie geht es weiter? Was wird morgen?
Wenn die Demokratie vor Rechten erzittert

Schuldige sind schnell gefunden
Für die ureigene Misere
Es hilft das Gefühl des Tretens nach unten
Wie versumpft man selbst auch wäre

Der Gedanke er lässt mir des Nachts keine Ruh'
Ich habe es zwar nicht gerade genossen
Dennoch gebe ich es zu:
Ich wär gern wieder politikverdrossen

Doch die Erkenntnis ganz einfach und schlicht:
Was gerade passiert erlaubt das schlicht nicht.

Ein altes Märchen

Es war einmal ein ganz altes Märchen
Das hatte schon reichlich an weißgrauen Härchen
Es war an den Ecken ganz abgenudelt
Verschmutzt, verdreckt und elendig besudelt
Es liebte es nur, wenn du zitterst und bangst
Es war das Märchen von der großen Angst

Lange waren es Krankheiten aller Couleur
Verschafften der Angst tagtäglich Gehör
Doch sie nutzten sich leider ab mit der Zeit
Ein anderes Thema stand allzeit bereit

Ja, Ausländer konnte das Märchen sehr gut
Ernährte sich von all der erzeugten Wut
Von der Angst ließen die Menschen vorzüglich sich
stressen
Irgendwas musste das Märchen halt essen
Schau wie der aussieht, redet und lacht
Da wäre Angst jetzt wohl angebracht
Riech wie der riecht und schau wie er guckt
Bis bei jedweder Fremde die Angst in dir zuckt

Die wollen für sich alle doch nur unser Bestes
Und hinterlassen uns hier kein Stückchen des Restes
Die wollen wohl alle so leben wie wir
Doch jetzt leben natürlich klar wir doch schon hier

Da kann nicht einfach jeder kommen und gehen
Seit Millionen von Jahren bleiben Menschen bestehen
Genau wie sie waren, samt Reichtum und Bier
Die Deutschen die lebten seit jeher schon hier

Das Märchen ist heute schon ganz fettgefressen
Glücklich elitär und erfolgsversessen
Es trifft seinen Freund, heute wird schön gekegelt
Sein bester Freund ist der Glaube,
Dass der Markt alles regelt

7. KAPITEL

NOCH MEHR ALLTAGSQUATSCH

Ein Bösewicht-Gedicht

Igor war ein Bösewicht
Nur zufrieden war er nicht
Haderte mit seinem Job
Den Arbeitszeiten - na und ob!
Vandalismus, Räuberei
Erpressung oder Prügelei
Selbst das Werfen eines Steins
Böses tun - das war nicht seins
Nicht alleine, nicht im Team
Sein alter Vater sprach zu ihm:
Bösewichte hat es eben
In unseren Ahnen stets gegeben
Dein Papa, Onkel, Opa - schlicht
Jeder war ein Bösewicht
Doch das reichte Igor nicht

Das Argument verblasste schnell
Ihm fehlte intellektuell
Ein Grund für seine Profession
Klar, profitabel war es schon
Doch glücklich würde er nicht werden
Als Bösewicht auf dieser Erden
Grund sein, solch grausamen Leids
Hatte für ihn keinen Reiz

Er wollte nicht töten
Nur in der Sonne erröten
Nie mehr je in Herzen stechen
Dafür lieber auf Kuchenblechen

Wollte niemanden entführen
Lieber Hefeteig rühren
Keine Gelder mehr waschen
Lieber backen und naschen

Und so besann Igor sich
Sprach: 'Ich mache das nicht'
Rief es heraus, stoppte das Morden
Und so ist ohne Graus
aus ihm ein Liebewicht geworden

Ein Bäcker, lieb, freundlich und weise
Das einzig' böse bei ihm sind die saftigen Preise

Der traurigste Superheld der Welt

Jochen ist ein Superheld
Und doch ist er sehr traurig
Er ist sehr stark und hat viel Geld
Von Paderborn bis Aurich

Keiner ist so stark wie er
Und er kann auch noch fliegen
Ist Stahl auch noch so dick und schwer
Er kann ihn verbiegen

Doch Jochen schläft viel, tut nur wenig
Lässt Hilferufe oft verhallen
Mancher wünscht ihn gar zum König
Er will nicht mal die Fäuste ballen

Er kommt kaum noch aus dem Bett
Hat keine Freude mehr am Job
An Ehrung oder Staatsbankett
Gibt's dafür Gründe? Na, und ob!

Weit und breit gibt's keine Schurken
Niemand kann sich mit ihm messen
Nix wie im Film, alles nur Gurken
Die ihn nicht die Bohne stressen

Ob Mafioso, Taschendieb
Wen er will, den fängt er gleich

Macht sie platt mit einem Hieb
Nicht gerade spannungsreich

Was soll er sich die Mühe machen?
Er kann ja doch nur Fliegen fangen
Ein paar Mal leicht heroisch lachen
Während sie in den Knast gelangen

Es ist doch alles purer Hohn
Sein dummes Dasein hier auf Erden
Länger grübelt er jetzt schon
Ein Superschurke selbst zu werden

Autofahrt

Willst du einen anderen Menschen
Von tiefstem Herzen kennenlernen
Schauen was wirklich in ihm steckt
Verstehen bis zu den tiefsten Kernen
Ob Mr.Hyde wohl in ihm schlummert
Den man besser niemals weckt
Aggression, ganz unbemerkt
Und von Manieren gut verdeckt

Kannst du natürlich mit ihm trinken
gemeinsam lange Urlaub machen
oder im Drogenrausch versinken
um das Feuer zu entfachen

Doch der beste Weg zum Offenlegen
Zu entblößtem menschlichen Gebahren
Mit einem anderen Menschen ist und bleibt,
Gemeinsam Auto fahren

Die friedliebensten Menschen
Werden da plötzlich zum Tier
Sie schreien, fluchen, fuchteln rum
Ohne einen Hauch Manier

In Dörfern, auf der Autobahn
Überall gibt's Grund zu schreien
Niemand hier kann richtig fahren
Die sollen sich alle selbst kasteien

Die Stimme jetzt schon völlig heiser
Nervöses Augenliderzucken
Mittelfinger aus dem Fenster
Und dazu noch böse gucken

Doch nicht alle werden zu Tieren
Und sollte all das nicht passieren
Der Mensch da auf dem Fahrersitz
Nicht die Contenance verlieren

Möchtest du ganz sicher sein
Willst du echt noch mehr
Für Fortgeschrittene gibt es
Dann noch den Stadtverkehr

Der Wachmann

Der Wachmann war ein Fachmann
Vor einem Haufen Jahre
Für eine feine Ware
Keiner konnt' sich davor retten:
Die Musikkassetten

Doch lang schon kennt sie kaum noch wer
Man zog sie raus aus dem Verkehr
Ersetzte sie durch die CD
Dem Fachmann tat's im Herzen weh

Und auch seinen Finanzen
Ein Minus der Bilanzen
Drum hat er sich umgeschult
Sich bald wieder in Geld gesuhlt

Wurde zum Fachmann, Meister, Kenner
Der allerneuesten CD-Brenner
Leider blieben sie nicht lange
Heiß begehrt mit langer Schlange
Vor dem Elektronikmarkt
Der Digitalkauf war erstarkt
Keiner brannte mehr CD
Dem Fachmann tat's im Herzen weh

Und auch seinen Finanzen
Ein Minus der Bilanzen
Der Fachmann - altes Trendgenie
Schuf ein Geschäft für Bubble Tea

Doch damit ging es auch bergab
Die Kohle wurde wieder knapp
Keiner wollt' mehr Klümpchentee
Dem Fachmann tat's im Herzen weh

Drum ist er jetzt ein Wachmann
Weil er zwar viel vom Fach kann
Aber das nun niemand braucht
Und die Versagensangst ihn schlaucht

Bewacht wird aber wirklich immer
Denkt in ihm ein Hoffnungsschimmer
Sein Kunde stets und permanent
Der sich Johnny Knight nun nennt

Und wirklich Johann Ritter heißt
Ist ein Mann der nie entgleist
Beruflich ist er Influencer
Nicht ganz so cool wie Herr Bud Spencer

Doch durchaus ganz schön muskulös
Im Alltag zappelt er nervös
Doch vor der Kamera, das läuft
Geld wird sauber angehäuft

Jeder Fraß fotografiert
Deeper content wird kreiert
Nur das Essen wird halt kalt
Beim instagrammen ohne Halt

Doch der Wachmann wird bezahlt
Weshalb er nett und freundlich strahlt
Von seinem Schützling Fotos macht
Das ist ganz leicht, wär ja gelacht

Auf Influencer, ungeniert
Hat er sich spezialisiert
Es scheint der Branche gut zu gehen
Schauen wir mal, wir werden sehen

Gedicht für Jägermeister

Du doofes olles Mistgetränk
Immer wirst du eingeschenkt
Ist es wirklich schon zu spät
Wer hat an der Uhr gedreht?

Ich bin betrunken, jemand fragt
Am nächsten Tag, der Schädel plagt
Vom fiesen Kräuterschnapsverzehr
Mein Magen gibt den Inhalt her

Und ich leide Stund um Stunden
Die Speiseröhre schwer geschunden
Und bereue jedes Mal
In meiner Jägermeisterqual

Nie ist es mir gut ergangen
Wenn dieser Schnaps hat mich gefangen
Denn ich trink ihn immer dann
Wenn ich nicht mehr klar denken kann

Was gibt es Gutes noch zu sagen
Will zum Abschluss ich mich fragen:

Ist der Schnaps mir auch ein Graus
Das Logo sieht schon sehr cool aus.

Diagnose: Mimose*

Nun stellen Sie sich nicht so an
Da könnt ja jeder kommen
Fassen Sie nur mal die Narbe hier an
Ich hab mich damals nicht so benommen

Sagt wütend der Mann im Kittel
Ein Indianer, der kennt keinen Schmerz
Spricht weiter und füllt in die Infusion noch ein Mittel
Machen Sie hier nicht so nen nervigen Terz

Ma öfter auch raus gehen
Lachen Sie mehr
Ich kann's ihnen ansehen
Das fällt Ihnen schwer

Sich selber nicht so wichtig nehmen
Das gilt hier für viele, für Herr und auch Dame
Körpereigene Heilung bequemen
Nicht immer gleich groß in die Notaufnahme

Da wird es mir dann doch zu bunt
Sterne tanzen vor meiner Sicht
Und tue laut meinen Ärger gleich kund:

Auch als Laie erkenn ich offene Brüche
Meine Haut ist verbrannt, da stecken noch Splitter
Mir entströmen übelst fiese Gerüche
Ich schwitze und blute und zitter

Die Fingerkuppe dazu abrasiert
Da frage ich mich dann doch mit Bedacht
Wo zum Teufel haben Sie denn studiert?
Er sieht mich an, grinst nur und lacht

Medizin sicher nicht, ich bin hier nur Patient
Wir haben uns auch nur durch Zufall getroffen
Der Kittel lag rum, was man Schicksal so nennt
Und jetzt nicht so laut, ich bin eh schon besoffen

Studiert hab ich die Kunde der Philosophie
Das Leben schickt einem oft die seltsamsten Grüße
Was Mittags passiert, das weiß morgens ich nie
Und mit den Worten zum Abschluss kotzt er mir auf
die Füße

8.KAPITEL

VOM LEBEN

Schutzgedicht

Beim Schutz da gibt es ja zumeist und ungefähr
genau zwei Varianten
Die der Menschheit kreuz und quer
Über alle Zeit entstanden

Trotz doch leicht dahin lächenden Mienen
Soll der Jugendschutz mir als Beispiel hier dienen
So viel ist im Grunde klar
Der ist nun zum Zwecke da
Er soll der Jugend Schutz bedeuten
Vor sich selbst und anderen Leuten

Frostschutz als Beispiel zwei ist fair
Denn hier verhält es sich konträr
Mitnichten schützen wir den Frost
Wie auch beim Rostschutz nicht den Rost

Nein wir schützen vor den übeln
Die Frost und Rost ins Leben kübeln

Nun ist es den Gedanken wert
Wenn auch nicht völlig unbeschwert
Zu welcher Sorte dieser zwei
Gehört die Klimaschützerei?

Müssen wir dem Klima nützen
Um seiner selbst es artig schützen
Nein, es dient der Schutz dem Zwecke
Dass der Mensch nicht selbst verrecke

Es ist dem Klima doch egal
Stirbt nun ein für alle mal
Mit feinstem Lachs als Leichenschmaus
Die Menschheit ganz nachhaltig aus

Da ist die Erde gar nicht scheu
Die baut die Artenvielfalt neu
Sie wird uns sicher nicht vermissen
Trotz all unserem feinen Wissen
Wie man Pulled Pork am besten grillt
Wie man eine Stadt vermüllt
Wie man schifft in Feuersbrunst

Die Erde schafft es ohne uns.

Wie es mir geht

Du hast gefragt wie es mir geht
Wolltest hör'n wie's um mich steht
Und ich, ich sprach von meinem Leben
Wie sich Schicksale verweben
Und wie es mir zuletzt erging
In welchem Netz ich mich verfing
Wie ich an den Gleisen stand
Und wünschte mir so sehr zu springen
Wie ich Kraft zum Umdrehen fand
Jedoch in dunklen Stunden ringen
Erinnerungen, Schmerzen, Bilder
In meinem Kopf ein trübes Meer
Dort treiben Ängste immer wilder
So riesengroß und zentnerschwer

Du hast gefragt wie es mir geht
Was jetzt dir im Gesicht da steht
Zeigt dein Bedürfnis dich zu trollen

Du hattest doch nur nett sein wollen

Zu spät (für Gärtnerei)

Frei nach: Die Ärzte - Zu Spät

Warum hast Du mir das angetan
Ich hab's von meinen Kollegen erfahren
Du hast uns den Lohn gekürzt
Zwei Wochen lang war ich schwer bestürzt
Jetzt schaust du weg, grüßt mich nicht mehr
Und ich gieße und pflanze doch so sehr
Ich weiß, was dir daran gefällt
Wir ackern weiter und es spart dir Geld
Einer poliert dir täglich dein Auto glatt
Ein anderer putzt deiner Liebsten ihr Damenrad

Doch eines Tages werd ich nicht rechen
Ich werd als Gärtner alle Regeln brechen
Du denkst 'der blöde Arsch' und läufst hinter mir her
Doch dann ist es zu spät, du siehst den Weg nicht mehr

Zu spät

Kindle-Light-Dinner*

Ich bin ganz allein daheim
Als gemein ganz von allein
Der Strom ausfällt - wo ist mein Wein?
Vor mir das Filet vom Schwein
Auf meinem kleinen Teller
Isst sich nicht gerade schneller
Wenn plötzlich man gar nichts mehr sieht
Mein Handy kackendreist entflieht
Geht aus im dümmsten Doofmoment
Hab wohl das Aufladen verpennt
Nennt mich wegen mir Mimose
Ich mach mir hier gleich in die Hose
So ohne jedes kleine Licht
Ne Taschenlampe hab ich nicht
Auch kein Notstromaggregat
Das Fleisch wird langsam kalt und fad

Soll es mit der Hand ich essen?
Sieht ja niemand den es stressen
Oder sogar ekeln könnt
Da im letztmöglichen Moment
Fällt mir mein eBookreader ein

Angemacht - ein fahler Schein
Erleuchtet schwach mein Mahl
Das reicht mir allemal
Um den Rest noch wegzuputzen
Ohne alles zu verschmutzen

Ab und an blätter ich weiter
So ist das Licht halbwegs gescheiter
Doch insgesamt muss ich gestehen
Ohne Fakten zu verdrehen
Ganz wenig ist da nur zu sehen
Ich muss heut wohl früh schlafen gehen

Abschlussarbeit

Ein schneller Sprint mit letzter Kraft
Jetzt noch drucken, binden lassen
Man kann es schier noch gar nicht fassen
Abgegeben und geschafft

Die Arbeit liegt beim Korrekteur
Oder der Korrigiererin
Sind da jetzt noch Fehler drin?
Kann nicht mehr helfen dem Malheur

Wie immer ist die Hoffnung riesig
Blühendes Leben das nun sprießt
Freizeit die man gern genießt
Doch fühle ich mich eher diesig

Falle in ein Loch aus Frust
Keine Kraft für großes Labern
Erschöpfung, träges Wabern
Irgendwie auf gar nichts Lust

Greif besser nicht gleich nach den Sternen
Werd in kleinen Schritten üben
Erstmal fernsehen dort drüben
Selbst Freizeit muss man wieder lernen

Atemlos

Atemlos durch die Nacht
Um ein Haar hätte mein Asthma
Mir den Garaus gemacht

Dem Dichtungsring zum neunten Geburtstag

Ich weiß manchmal auch nicht
Und schreib ein Gedicht
Was fällt mir noch ein
Das Blatt ist so klein
Ich schreibe zum Spaß
Ganz ohne Versmaß
Metrik fehlt auch
Selbst Günther Jauch
Erscheint unmotiviert
Denn ihn gebiert
Nur die Freude am Reim
Sauertopfschleim

Was wollt ich noch sagen?
Selbst die Füße, die fragen
Wo geht es hier hin?
Wo ist der Sinn?
Ach, ich wollte sinnieren
Übers gratulieren
Über neun Jahre Dichtung
In jeglicher Richtung
Im Laika als Hort
Ein herrlicher Ort
Danke Matthias, Hans, Sascha, Theresa
Heben wir wie so oft uns're Gläser

Vielen Dank euch, ihr Publikümmer
Ohne euch wär es schlimm, wenn nicht schlimmer
Fürs Erscheinen, fürs Klatschen und Lachen
Und für all die anderen traumschönen Sachen
Die ich hier jedes Mal aufs Neue erfahre
Habt meinen Dank, auf die nächsten neun Jahre.

Was ich auch nicht brauch'

Ein Gedicht für Amazon

Die Seite zeigt mir tolle Sachen
Filme, Spiele, Haushaltswaren
Hier kann man toll Geschäfte machen
Sich den Weg zum Laden sparen

Ich kauf mir einen neuen Herd
Kühlschrank und ne Waschmaschine
Nen Grill und dazu ne Gardine
Ganz ohne Schleppen – nicht verkehrt

Lauter tolle neue Dinge
Kann ich bald geliefert sehen
Weiteres durch den Shop gespringe
Um noch mehr Sachen zu erstehen

Ein kleiner Kasten zeigt mir an
Was der Webshop mir empfiehlt
Was ich sonst noch kaufen kann
Für mich gefunden – ganz gezielt

Empfehlungen, die sparen Stress
Für Edgar, Peter, Paul und Thorben
„Wer, was sie kauften, auch erworben
Kauft gerne auch noch folgendes":

Zum Beispiel einen neuen Herd
Kühlschrank und ne Waschmaschine
Nen Grill und dazu ne Gardine
diese Empfehlung ist verkehrt

All das fehlt ja gerade nicht
Ich lasse die Gedanken streifen
Sie rasen fernab jeder Sicht
Über Möglichkeiten schweifen

So viel könnt so ein System
Im Alltag allen Menschen bringen
Für jede Lösung ein Problem
Wird ins Auge einem springen

Wer mit diesen Frauen schlief
Dem gefielen auch jene
Wer diese Süßigkeit gern aß
Der kaufte dann auch dritte Zähne

Wer nach „solcher" Kleidung sucht
Mag auch das Buch von Sarrazin
Wer „Scheiß-Stuttgart 21" flucht
Der hat auch Spaß in Berlin

Wer dieses Navi oft benutzt
Mag jene Autowerkstatt
Wer jeden Samstag Auto putzt
Schimpft gern auf dieses Merkblatt

Wer über dieses Volk hier hetzt
Schnüffelt gern jenen Kleber
Wer gerne den Billigschnaps da trinkt
Braucht diese Sorte Leber

Wer gerne diese Speise kochte
der reist gern in die Ferne

Und wer diesen Text hier mochte
der applaudierte gerne

Der Unternehmer klagte

Der Unternehmer klagte
Über mangelnden Sexismus
An seinem Arbeitsplatz

Er reflektierte, hinterfragte
Wie es so weit kommen konnte
Es gab auch jedes Mal Rabbatz
Wenn er die achtzig Stunden Woche
Plus Überstunden forderte
Memmte heute jeder rum
Was heißt denn bitte hier Maloche?
Verkommener Pöbel
Faul alle und dumm
Wie diese Weiber sich zieren
Betriebsräte fordern
Und keiner macht wirklich den Rücken sich krumm
Früher, da war sicher alles noch fein
Als sein Opa die Firma gegründet
Von ganzem Herzen wünschte er sich's zurück

Es kündigten alle, der Mann war allein
Und ironischerweise war es dabei
Genau wie bei seinem Opa ein Stück
Denn nun musste er schuften
Nicht Befehle erteilen
Gar niemand war ihm mehr ergeben
Arroganz und Häme verpufften
Und so hart es auch wurde
Genoss er plötzlich das Leben

Der fehlerhafte Vorwurf der Verweigerung der täglichen morgendlichen Einstiegsmahlzeit

Der Vorwurf war ein Ungetüm
Ich wurde und zwar ungestüm
Der Frühstückensverweigerung
bezichtigt
Ohne Übersteigerung
Wird das hiermit berichtigt

Die Beschwerde war zum Sachverhalt
Und formuliert gar dergestalt
Dass ich zu früh zu Mittag esse
Weil ich das frühstücken vergesse
Oder diese Mahlzeit gar
Verweigere ganz sonderbar

Das stimmt allerdings schlicht
und ergreifend nicht

Ja es ist wahr, was ich beschreibe
Was morgens ich mir einverleibe
Ist zumeist ganz nach der Norm
Von allerfeinster Apfelform

Just weil es halt ein Apfel ist
Was mein Mund da isst und frisst
Mehr wird dabei nun zumeist
In der Tat auch nicht verspeist

Und es ist auch wirklich wahr
Mittags ist mein Hunger klar
Sehr früh schon mehr als deutlich da
Gigantisch, stark und wahrnehmbar

Doch trotzdem sorgt mir dieser Schluss
Den man da an den Kopf mir warf
Vom Apfel auf Essensbedarf
Für echten ehrlichen Verdruss

Denn wer mich kennt der weiß hinlänglich
Mein Hunger, der ist überschwänglich
Und das, das weiß man weit und breit
Schlicht zu jeder Tageszeit

Das Loch kann auch kein Apfel stopfen
Kein Knödel aus leckeren Topfen
Nicht mal ein ganzes großes Gnu
Hätte da das Zeug dazu

Das Frühstück halt ich minimal
Weil's an Diät die kleinste Qual
Für den verfress'nen Körper ist

Um Dicklichkeiten zu vermeiden
Die würden mir nur Frust bereiten
Dann würd' noch mehr aus Frust ich essen
Meine Figur würde das stressen

Doch sei die Moral von der Geschicht
Zum Schluss für das Nahrungsgedicht
(An Wortwitz dabei nicht gespart)
Nochmal kurz auf den Punkt gegart:

Von Essen aller Art und Menge
Sei's einzeln oder ein Gedränge
Bleibt leider und ganz unerhört
Mein Hunger stetig ungestört

9.Kapitel

Ich wäre gern ...

Ich wäre gerne Captain Hook

Ich wäre gerne Captain Hook
Allein schon dieser coole Look
Mit Dreispitz-Hut samt Feder
Mich fürchtete ein jeder
Ich arbeitete voller Fleiss
Die Welt, die wäre schön schwarz-weiß
Als wär ich bei Pegida

Ich suchte immer wieder
Peter Pan zu Fall zu bringen
Ein Krokodil wöllt' mich verschlingen

Würd Böses wollen doch Gutes schaffen
Und es dabei gar nicht raffen
Wäre stolzer Kapitän
Würd ziehen wohin die Winde wehen
Hätte feinste Skills am Degen
Mit mir würd man sich nicht anlegen
Außer eben Peter Pan
Der hätte oft das schon getan
Sonst liefe es stets wie geschmiert
Mein Haken glänzte fein poliert
Und wär auch oft von Nutzen:
Ich könnt damit Frisuren stutzen
Stockbrot machen, Würstchen grillen
Ihn Einsetzen als schicker Locher
Gern auch mal am Zahn als -stocher

Zur Reinigung von Katzentatzen
Zum Rubbelzeug von Losen kratzen
Nasenbohrer, Handtuchhalter
Axtersatz als Brennholzspalter
Und zuletzt ganz klar zum Schmuck
Ach, wär ich gerne Captain Hook

Ich wäre gern ein Teenager

Ich würd' so gern Teenager sein
Nicht im Anfangsstadium
Die Haut nicht sauber oder rein
Der Mund vor Stimmbruchsorgen stumm

Gemeint ist die Teeniefraktion
Mit Erwachsenenattitüde
Etwas vorgereift nun schon
So weise und im Ton gern rüde

Man lernt danach vom Leben mehr
Wird irgendwie erwachsener
Und weiß dann auch vor allen Dingen
Mit welchen Sorgen die so ringen

Die Sicherheit schwindet dem Wissen
Um die vielen Möglichkeiten
Es schrumpft manch inneres Ruhekissen
Ob Steuern, Kosten, Arbeitszeiten

Entscheidungen werden getroffen
Den Weg such heut ich selber aus
Dass er begehbar ist zu hoffen
Etwas lerne ich schon draus

Ich schlug mir aus dem Kopf so manche Faxen
Die Jugensünden sind vergessen und verziehen
So gerne wäre ich irgendwann mal so erwachsen
Wie ich mir damals mit sechzehn schien.

Ich wäre gerne Busfahrer

Ich wäre gerne Busfahrer
So richtig finster grimmig drauf
Bloss weil da ein paar Menschen stehen
Mach ich die Tür noch lang nicht auf

Wenn wer was fragt oder doof guckt
Wird er bissig angemeckert
Touristen? Eh klar, ebenso!
Und dass mir hier ja keiner kleckert

In meinem Bus wird nicht gegessen
Sowas will ich hier nicht sehen
Ich schreie auch gern Leute an
Sie sollen von der Tür weggehen

Im Hobby wär ich Zen-Buddhist
In mir gibt's keine Aggression
Alles was da in mir ist
Verbrauch ich auf der Arbeit schon

Ich würde gern ein Zahnarzt sein

Ich würde gern ein Zahnarzt sein
Streiche gerne Kohle ein
Tag für Tag in meiner Praxis
Gibt's für jeden Prophylaxis

Die Leute gehen gesund zu mir
Das Geld bleibt bitte trotzdem hier
Als Zahnarzt mach ich gerne Krach
Im Arztdasein das beste Fach
Wenig Tragik, häufig Zier
Mit der ich meine Zeit vertreibe
Witzig sehen sie aus beileibe
Frisch gespritzt, die Backe taub
Gern ich mir nen Spaß erlaub
Wenn in den Mund Werkzeuge ragen
Stell ich ihnen munter Fragen
"Was? Ich kann sie schlecht verstehen"
Echt, das müsstet ihr mal sehen

Nur ein Problem brächte Verdruss
Dass man in Münder schauen muss
Bei manchem gammelt es und modert
Das Grauen wo die Fäulnis modert
Und ich der ich dann darin bor'
Das stell ich mir schon eklig vor

10.KAPITEL

VON SCHÖNEN WORTEN

Aus dem Körpericher Lokalblatt

Es war dereinst in Körperich
Da wurden zwei ganz körperlich
Doch wurden sie sogleich gestört
Die Oma hatte sie gehört

Zwar trinkt man ja im Rheinland
Ganz gerne Wein und Weinbrandt

Doch fasst man nach der Sitte
Nicht anderen in die Mitte

Besser das geschehe nicht
Sofern man nicht geehelicht

So kam's dass diesen Jugendlichen
Die Lüste für die Tugend wichen

Später sie sich heimlich trafen
Um einander beizuschlafen

Von Mittagsmahlen des Kannibalen*

Zu jedem zweiten Mittagsmahle
Aß der Königskannibale
Eduard der alte Weise
Eine besondere Nudelspeise

Menschenzähne frisch gemahlen
Vermengt mit Nüssen ohne Schalen
Gab eine große Nudelsoße
Die half gegen die Arthrose

(Von ihm erdacht, ein feines Laster)
Stets hatte er ein ganzes Fass da
Er nannte es:
Die Zahnpasta

Im geheimen quakt der Frosch nicht*

Sie steht im Regen an der Straße
Sonnenbrille, Mantel, Hut
Regungslos im Übermaße
Das Städtchen schläft, die Straße ruht

Da tritt ein Mann zu ihr heran
Auch er rein gar nicht zu erkennen
Sie weiß was jetzt nur folgen kann
Die Losung, die muss sie jetzt nennen

"Im Geheimen ..." fängt sie an
Er nickt wissend und ausdruckslos
"Quakt der Frosch nicht", sagt er dann.
Es wird ernst nun, es geht los

Wortlos dreht sie auf der Stelle
Regen prasselt auf sie ein
Läuft davon, würdige Schnelle
Es gilt jetzt zielstrebig zu sein

Nur Stunden später fällt ein Schuss
Die 'Familie' ist entsetzt
Der Don ist tot, für ihn ist Schluss
Er wurde doch so sehr geschätzt

Ein Plüsch-Frosch lag auf seiner Leiche
Mit Krone auf und Plastikteiche

Die Botschaft, die ist völlig klar
Was der Zweck des Ganzen war

Schwer fällt die Entscheidung nich'
Sie hängen halt an ihren Leben
Die Familie einigt sich
Dieses Mal klein beizugeben

Das Gerücht eilt bald darauf schon auf und nieder
Es jubeln Kinder, Mutter, Vater:
Den Froschkönig spielen sie endlich wieder
Erneut im kleinen Stadttheater

Strauchdiebe, Bankräuber und andere Park-Sünder*

Ein Sonntag war's in Wittenau
Die Sonne schien, der Himmel blau
Doch etwas lag dort in der Luft
Nicht allein der Rosenduft
Nein, ohne jeden klaren Sinn
Zog's jedermann zum Stadtpark hin
Und da ‑ man mag es kaum verstehen
Gab allerhand es anzusehen

Eine Frau, schon eine kecke
Spielt da Poker mit 'ner Hecke
Und verliert noch jedes Mal
Die Hecke, die zockt kolossal

Völlig unerwartet steht
Ein SUV im Blumenbeet
Mark hält da probehalber an
Ob man im Park gut parken kann?

Er bestaunt ganz kreuz und quer
Das zerstreute Blumenmeer
Er sagt sich das, das macht er auch
Und holt nach alter Väter Brauch
Aus dem Gefährt sich einen Spaten
Und bearbeitet den Garten
Hier mitten im Stadtpark munter
Schippt er Erde rauf und runter

Ellen steht mit einem Messer
Wie ein Räuber und Erpresser
Die Stimme laut, der Blick leicht krank
Vor der grünen Holzparkbank
Und versucht, sie auszurauben
Erbeutet nix als Kot von Tauben

Der kleine Jörg hat unverhohlen
Schon den siebten Strauch gestohlen
Zerkrümelt ihn und raucht ihn munter
Die Welt wird Zug um Zug noch bunter

Oskar schwimmt im Karpfenteich
Die Fische sind schön glitschig weich
Jannis fühlt sich heut als Pferd
Lorentz steht im Geist am Herd
Und rührt verwirrt im Hundehaufen
Er muss echt dringend Hefe kaufen
Sonst wird der ganze Kuchen nix
Klara schnappt sich ganz ganz fix
Trotz aller Gefahr für sich
Einen großen Enterich
Und wirft ihn dann auf Brötchenstücke
Hannes tanzt mit einer Mücke
Tangoschritte voller Stil
Doch fehlt's dem Tier an Taktgefühl

Nun die Moral der Reimerei
Die hier noch zu erwähnen sei:
Wenn wer erfolglos eine Stadt
Zu erpressen versucht hat
Ins Verbrechen er dann driftet
Das Grundwasser der Stadt vergiftet
Klappt nur mäßig, die Idee,
Benutzt er dafür LSD

Schützenswerte Wörterwälder*

Ein Mann mit Namen Josopeit
War täglich vor gar nichts gefeit
Sein Auftrag der war: Sprache schützen
Würde es auch nicht lang nützen
Wollt er doch die Worte wahren
Verkörperte sie stets in Scharen

Warm war es in der Wäscherei
Da kam so völlig eididei
Voller Jux und Dollerei
Dieser Heiopei vorbei

Er brachte einen Anorak
Ein Blouson und einen Frack
Zwei ausgewasch'ne Liebestöter
Vor der Tür kläffte ein Köter

Weiter lief er, wollt sich sputen
Sein Aufzug, ja der ließ vermuten
Dass er - Gamaschen bis zum Haar
Beileibe gar kein Hipster war

Und just da sah er Vis-a-vis
Ein holdes Weib - so schön wie nie
Er dachte nur: Mich deucht, ich spinne
Ging rüber und er sang ihr Minne

Schrieb später ins Diarium
Das Rendezvous, ja das war dumm

Ich offerierte tausend Küsse
Und lukullische Genüsse
Doch fühlte sie sich drangsaliert
Der Gendarm hat ihn abgeführt
Die Zelle die war schlecht geschützt
Da ist er eilig ausgebüxt

Daheim herrschte ein Kuddelmuddel
Er brauchte dringend jetzt ne Buddel
Im Hintergrund die Flimmerkiste
Studierte er stolz eine Liste
Der größte Schatz den er besitzt
All die Wörter die er schützt
Mühselig zusamm'getragen
Aus dicken Büchern von Verlagen
Website-Wikis, zig Millionen
Gesprächen mit den Sprachikonen
Und jeder Quelle die er fand
Auf dem aktuellen Stand
Umfasst sie so viel Schabernack
Längst vergess'nes nicht zu knapp

Doch sperrt die Polizei ihn ein
Wird's Sammeln jäh beendet sein
Er packt den kleinen Wackeldackel
Ohne allzu viel Gefackel
Und Klamotten notdürftig

Voll Drangsal und ohne Geschick
In den alten Kombi-Opel

Vielleicht gar bis Konstantinopel
Will er fahren ganz erpicht
Ins Kittchen will er wirklich nicht
Pustekuchen für Verfolger
Fulminant geht's bis zur Wolga

Wo sind nur leere CDs?
Wo ist nur dieses Gefäß?
Er sucht dringlich die Rohlingspindel
Musik gegen all das Gesindel
Am Finanzmarkt wollt er hören
Das wird die Fatzkes zwar nicht stören
Doch ist Punkrock nicht verkehrt
Wenn man weit mit der Karre fährt

Der Plan war soweit wirklich Tutti
Er plauderte noch schnell mit Mutti
Am Wählscheibentelefon
Doch da zerschellte lautstark schon
Die Tür in Splitter - klitzeklein
Ein Polizist trat eilig ein

Der Schaden der war desaströs
Und unser Held gar sehr nervös

Der Wachtmeister nahm ihn gleich mit
Gab ihm auch noch einen Tritt

Verfrachtete ihn auf die Schnelle
In eine schnieke Einzelzelle

Der Richter sah den Häftling an
Vermaledeit, war der arm dran
Er ließ ihn frei und sprach: „Mein Jung
Achte weiter auf die Worte
Das ist Sprachvereitelung
Mein liebstes ist ja - Herrentorte."

Stapelweise

Der Gabelstapler Manuel
Arbeitete gut und schnell
Doch gab er niemals damit an
Weil man dabei nicht stapeln kann

Ein Tiefstapler, das war er
Doch wollt' er eines Tages mehr
Das Stapeln wurde ihm ein Graus
Drum gab er sich als Bagger aus

Ein Gabelstapler sondergleichen
Ein Tiefstapler dem Stapel reichen
Endete als nicht mal mäßig formidabler
Gerade so eher passabler – Hochstapler

Vegane Komplimente

Die Zeit, die bleibt nicht stehen
Wir müssen mit der Zeit gehen
Was einst als Kompliment brillierte
Und Zuneigung auch suggerierte
Ist nun oft nicht mehr zeitgemäß
Mancher fasste ans Gesäß
Rief und pfiff und brabbelte
Und während er so sabbelte
Fühlte er sich voll im Recht
Nur allen anderen wurde schlecht

Doch es geht eben noch weiter
Heute ist man viel befreiter
Es reicht nicht etwas Stil allein
Vegan sollen Komplimente sein

Schon lange bei Beleidigungen
Ist die Umstellung gelungen
Du Kartoffel, oder Lauch,
Sind vegan und wirken auch

Du Würstchen wurde abgeschafft
Du Hund - darin steckt keine Kraft
Halt die Kresse, Blumenkind
Gewinnt dagegen Streit bestimmt

Leicht nennt man wen dumm wie Heu
Doch Komplimente, das ist neu

Will man jemanden verführen
Geht kein Honig ums Maul zu schmieren
Denn der ist halt nicht vegan
Und da fängt schon der Ärger an

Da muss man Heute schneller schalten
In 'Heiß' ist leider Ei enthalten
Bei 'Mäuschen' sehen Partner rot
Du bist die Butter für mein Brot

Oder 'Schnitte' - klar im Grenzbereich
Bei Bärchen kommt die Scheidung gleich
Doch sagt der Partner zurecht 'Boah'
Zu: Du bist gehaltvoll wie Quinoa
Unsere Liebe, die hält eh
Ist wie schlechtes Tofu zäh
Statt der Schiller zu meinen Locken
Bist du der Hafer zu meinen Flocken
Du der Salat und ich die Tomate
Du der Wodka zu meinem Club Mate

So preist man heute zeitgemäß
Von oben bis unten, von vorn bis Gesäß
Der Partner begeistert und völlig enthemmt
Vom veganen Kompliment

Werbetipps*

Werbung gibt es allerorten
Für Klamotten, Autos, Torten
Und Millionen anderen Dingen
Den Firmen soll es Kunden bringen
Doch wie wird Werbung wohl gemacht?
Das ist schwerer als gedacht

Variante eins ist wichtig
Nimmt man gerne und dann richtig:
Nackte Frauen, Hintern, Brüste
Wecken allerlei Gelüste
Nicht immer ist danach dann klar
Wofür genau die Werbung wahr

Schuhe, Filme, grünen Tee
Für alles wirbt das Dekolleté
Mal frontal, mal nur ein Schimmer
Das geht scheinbar wirklich immer
Manches freut, manches gefällt nicht
Der Konsument gar unterwältigt

Variante zwei, man schreibt
Nen Satz der in Erinnerung bleibt
Egal ob man Versprechen hält
Ist die Praline die längste der Welt?
Weil ich es mir wert bin und du es dir nicht
Gibt's was von Ratiopharm für mein Gesicht?

Leichte Sätze - große Klasse
Wenn's ums Geld geht - Sparkasse
Bewerft mit Geld uns Schein für Schein
Nicht nur sauber, sondern rein
Ist es mit Perwoll gewaschen?
Gibt's hier immer was zu naschen?
Oder fällt der Zahn dir raus?
Carglass repariert, Carglass tauscht aus
Nicht vergessen, zu erwähnen
Nur echt mit 52 Zähnen
Haribo macht Kinder froh und Erwachsene ebenso
Willst du viel, spül mit Pril!
Raider heißt jetzt Twix
Sonst ändert sich nix
Geiz ist geil - so klar wie derb
Manches Bier ist friesisch herb
Des Wodkas reine Seele
Das König der Biere - wenn ich's doch erzähle
Life is bitter und bitte ein Bit
Brille:Fielmann - nimm dir eine mit
Actimel aktiviert Abwehrkräfte
Weck mal den Tiger in dir und die Körpersäfte
Red Bull verleiht Flügel und ist gut für die Haut
Come doch einfach mal *in* und *find* dann auch noch
out
Da werden Sie geholfen - so ganz ohne Hohn
Wohnst du noch oder lebst du schon?

Wenn's mal wieder länger dauert -
Quadratisch.Praktisch.Gut
Innen gut, außen mit Hut
Dann klappt's mit den Nachbarn auch ganz ohne
Dramen
Dafür stehe ich mit meinem Namen
Trinke Fanta, lebe bunter
Geht nicht, gibt's nicht - immer munter
Kleidung clever kaufen bei Kik
Mars macht mobil und dazu superschick
Guten Freunden gibt man nen Kuss
3-2-1 Meins - auch bei jedem Stuss

Doch das halt ich aus, ist mir einerlei
Richtig hässlich ist nur - Variante drei

Werbung die lautstark die Neugierde reizt
Indem sie mit konkreten Inhalten geizt
Im Internet Clickbait und analog Bild
Ne Schlagzeile die man dann niemals erfüllt
So dass das Gehirn nach der Auflösung giert
Ihr glaubt nicht was auf Seite drei dann passiert
Zehn Punkte wie man so viel mehr Asche verdient
Bei den Promis wurde der Arsch neu geschient
Werbeklicks hier und Zeitungskauf da
Alles ist spannend und neu mit trara

Werbung ist nervig, stressig und öd
Drum verweiger' ich mich - ich bin doch nicht blöd

Daneben

Ich bin so heiß wie ein Vulkanier
Mag Fish&Chips so wie ein Spanier
Komm zur Nachtschicht Morgens schon
Bin vieläugig wie ein Zyklon
Bin Anti wie so manche Lope
Nie einsichtig wie ein Zyklope
Und merke nachts früher als spät
Ich bin wohl irgendwie verdreht

Arno Wilhelm wurde 1988 im heutigen Chemnitz geboren, lebte viele Jahre im tiefsten Allgäu, bis es ihn für sein Informatik-Studium und aus Liebe zur Stadt nach Berlin verschlägt. In Bayern spielte er in  verschiedenen Bands, unter anderem bei „Wasted Time". Seit 2009 tritt regelmäßig auf den Slam- und Lesebühnen im Raum Berlin auf. 2011 gründet er die Lyrik-Lesebühne „Dichtungsring" in Neukölln. Er hat mehrere Gedichtbände veröffentlicht. Sein erster Roman „Jack Rodman – Die ganze Wahrheit" erschien im Juli 2012 bei Periplaneta Berlin, sein zweiter Roman „Was man so alles tut kurz vor dem Weltuntergang" im Frühjahr 2019 bei der edition tingeltangel.

Er lebt mit Frau und Kindern am Rand von Berlin.

Mein Dank geht an meine Frau, unsere Kinder, unsere Familien und an den Dichtungsring, samt dem Laika, dem Publikum, Theresa, Sascha und Hans und insbesondere an Matthias.

Homepage: www.arno-wilhelm.de
E-Mail: larry@arno-wilhelm.de
Twitter: @larrydevito
Instagram: larrydevito